連我都不瞭解自己內心的時候…

韓國90萬人的線上心理師，
陪你重新理解不安、
憂鬱與焦慮，找到痛點，
正視內心的求救訊號。

When I don't know
what I want

梁在鎮 양재진
梁在雄 양재웅——著
蔡佩君——譯

내 마음을
나도 모를 때

方舟文化

推薦序

理解自己，是邁向獨立成熟者的必要條件

諮商心理師、暢銷作家　陳志恆

有一次，與一位大學生對話。

他告訴我，自己就要升上大四，但母親依然對自己過度控制，總是擺出高高在上的姿態，對他頤指氣使。不是嫌他時常偷懶不上進，不然就是批評他沒出息。

暑假，他想出外打工做外送服務，母親說太危險了，不准他去；當他待在家裡時，母親又說他整天吃飽閒著，是個米蟲！

「現在，只要和她相處多一分鐘，我就會感到噁心窒息！」

他問我，怎麼辦？我問他，希望事情有什麼轉變？

「我希望，我媽能夠聽我說話，好好和我溝通，尊重我一點。」

「可是，很難吧！」我說：「也許，你該放棄這個念頭。因為，你很難改變你的家人，特別是父母。你如果想脫離這個痛苦，最好的方式，就是趕緊經濟獨立。搬出去住，不用寄人籬下，也不需看人臉色。而因為減少接觸，心情也不會常受到影響！」

「聽起來，你是要我遠離他們，老死不相往來嗎？可是，這與你的理念不同吧！你不是常說，父母要先改變，要願意與孩子改善溝通，所以我才來找你幫忙的。」

這並不矛盾。如果你是個家長，你當然要先調整自己對待孩子的方式；但身為一個孩子，你可以努力表達你的期待，但不要過度期望父母會因此而改變。

長輩帶著這樣的人際互動模式在身上，已經多年，早已成了慣性，改變談何容易？何況，他們總認為該先改變的是孩子。既然不能改變長輩，那麼就減少被影響的可能；而「**經濟獨立**」確實是最重要的關鍵。

在《連我都不瞭解自己內心的時候》一書中，韓國兩位超人氣精神醫學專家梁氏兄弟，談到家庭議題時，也提到類似的觀點——經濟獨立。唯有如此，才有可能在心理上或實質上，不用在乎受到他人擺佈。

為什麼呢？因為，經濟獨立讓你有能力與家人保持距離，因為互動減少而不需要時常經歷溝通衝突或情緒轟炸。不過，梁氏兄弟也提到，如此，你還得面對一個難題，就是內心的「罪惡感」。

你可能會感到，這麼做似乎是在遺棄父母——那個當初費盡心力、生我養我的人。如果父母的操控欲非常強烈，孩子的罪惡感也會越深。因此，除了經濟獨立外，你還得做到**情緒獨立**。也就是，**清楚明白，哪些情緒是自己的責任，哪些是父母的責任**。

尤其是，當罪惡感湧現時，更應該去辨識，自己是否過度承擔了來自父母失望、不滿或憤怒的情緒。你沒有義務去承擔這些，你唯一能做的，是把你自己的人生活好，活出你想要的樣貌。

本書作者之一梁在鎮在書中談到：「犧牲一個人所換來的和睦，不是真正的和睦。做為一個成年人，我們需要與家人保持適當的距離，不要過度負擔，也不要為此自責，請稱讚自己一直以來所做的努力。」

我是很認同這句話的。

《連我都不瞭解自己內心的時候》這本書，對於人生的各項心理議題及困境，都有精闢的見解。這本書談及了自尊、焦慮、關注、職場、家庭、戀愛、未來、朋友等議題，深入淺出地剖析一般人常見的心理困境，並提供你思考這些困境的實用觀點，同時，也引導你深入探索自己。

你會發現，原來，我們根本不夠瞭解自己。對自己的盲點與誤解，往往讓我們用無效的方式去因應問題，或者，根本朝錯誤的方向努力。像是前述那位大學生，期待自己的父母先改變，就是搞錯方向了。

然而，如果他明白了，但仍做不到，有可能他在情緒上未能真正從父母那兒獨立出來；除了過度承擔父母的痛苦之外，也可能是渴求父母的肯定。那麼，他需要練習的，是自我欣賞與自我肯定，而非透過家人或長輩來定義自己的價值。

梁在鎮、梁在雄兩兄弟寫出了這本好書，令人相當興奮！也欣見中文版能在臺灣問世，必能幫助許多因不夠理解自我，而被困在煩惱中的人們。當你能足夠理解自己時，你才能真正邁向獨立自主，有機會蛻變為一位成熟的大人。

陳志恆，諮商心理師、作家，為長期與青少年孩子工作的心理助人者。曾任中學輔導教師、輔導主任，目前為臺灣NLP學會副理事長。著有《脫癮而出不迷網》、《正向聚焦》、《擁抱刺蝟孩子》、《受傷的孩子和壞掉的大人》、《叛逆有理、獨立無罪》、《此人進廠維修中》等書。

目次

第四章 關注

想得到所有人的喜愛，是一種本能

PART2

找不到自己與他人之間的心理平衡——

#與家人保持距離 #理性表達生氣 #控制欲
#哀悼反應 #K－長女 #人格解離 #產後憂鬱症 #心理彈性

第六章　朋友 172

聰明的選擇，絕交或關心

#無力感 #自我厭惡 #邊緣型人格傾向 #害怕被遺棄
#換氣的效果 #美麗的大人 #偽裝出來的我 #態度的價值

第七章　職場 198

不要犧牲奉獻，也不要落荒而逃

第八章 戀愛

千萬不可以愛到討厭自己

#欲擒故縱 #約會暴力 #偏執性人格障礙 #拯救幻想
#迴避型人格 #安全離開 #戀愛的結論

序

每個人活著，都有自己的煩惱。

儘管看起來這世上不幸的好像只有自己，

不過其實也有很多人，有著跟你一樣的煩惱。

低自尊、不明朗的未來、與家人的不和諧、

職場壓力、戀人之間的傷痕……

這些是每個人都曾遭遇過的問題。

然而起初輕微不起眼的情緒，
隨著時間流逝，漸漸成為心裡的疙瘩。
最後使得內心生病，
奪走了好好繼續在這世界生存的勇氣。

對身上微小的傷口反應敏感，
都是源自於先前忽視了的內心痛苦。

雖說現在人們已經不再對精神健康醫學懷抱偏見，
但是仍然有許多人，害怕踏出接受治療的第一步。
由於無法意識到自己需要接受幫助，
連伸手求援都做不到，日復一日活在痛苦之中。

本書以真實案例為基礎，
收錄了精神科醫師針對每個人都會遇到的心理問題，
所提出的實際處方箋。
包含了自尊、不安全感、未來、興趣等內在問題，
以及家人、朋友、職場、戀人關係間會經歷的摩擦……
等等相關的故事。

如果你還沒有勇氣踏入精神科，
如果你因為某個人不知分寸的建議而受到更大的傷害，
希望你能夠繼續閱讀下去。

把它當成自己的故事感受，
雖然埋藏在水面下的傷口可能會再度泛紅，

但是最終，

你一定可以用不同的眼光，看待自己與這個世界。

現在，讓我們開始諮商吧！

PART 1

被世界綁架，
彷彿無法看見自己

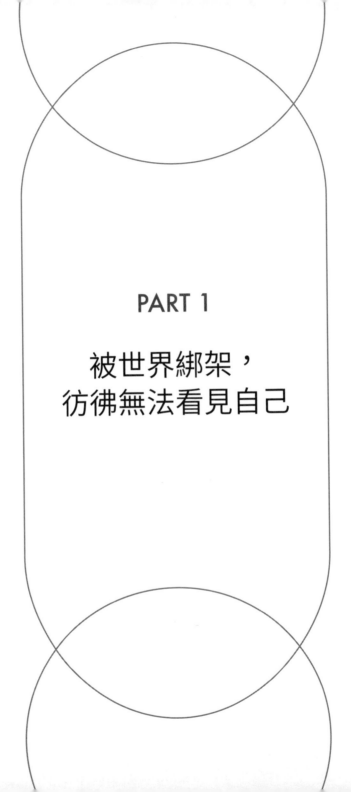

第一章

自尊

不管是誰，都無法滿足自己

人生要放遠來看……

沒有人知道十～二十年後的自己會是什麼樣子，
當下來自他人的負面評價，
並不代表那就是「你」。

請不要否定自己的存在，
如果沒有現在的挫折，自尊也無法提升。

想提升自尊，但不知道該怎麼做

平常我都覺得自己的自尊很低，
但其實我不太清楚自尊究竟是什麼。
只要我覺得自己很成功，能夠堂堂正正付諸行動就可以了嗎？
要怎麼樣才能夠提升自尊？
自尊太高也不好嗎？

梁在鎮 所謂的自尊是指「**我所認為的我**」。不管他人給予自己什麼樣的評價，就算是被貶低，在情緒上也不會動搖的狀態，就是所謂的高自尊。

梁在雄 這個跟覺得自己很成功的自我意識過剩不一樣。特別是最近這個時代，自我意識過剩的人非常多。跟過去那些和好幾個兄弟姊妹一起長大的孩子不同，現在的孩子成長過程中的大部分情況，都獨享著父母給予的資源與關心。太過地稱讚「你是很棒的孩子」或「你一定會成為很厲害的人」這種方式，導致了孩子在藉由具體經驗成功之前，就先認為自己是一個很優秀的人——也就是所謂的自我意識過剩，或者甚至變成了「自我欺騙」。

問題在於，這類型的人會非常難以面對挑戰，甚至避免嘗試新事物，因為他們無法承受要面對「自己沒有像想像中優秀」的瞬間，所以他們會逃避挑戰，以繼續保全對自己的正面評價。這種狀態應該說是「沒有打過仗，所以也從來沒輸過」嗎？

梁在鎮 那麼要怎麼提升自尊呢？首先要知道，無論任何事情，都是「自己的成就」。你可能會覺得這件事聽起來沒什麼，但以提升自尊這方面而言，最重要的就是瞭解——**不論任何事情，都是經由自己的努力而獲得的**。

如果可以從身邊的人身上，獲取關於這些成就的「正面回饋」，就能夠更進一步提升自尊。前述的自我意識過剩，是指在沒有自我成就的狀況下，從身邊人身上獲得正面回饋，因而導致自我意識提升。這類型的人在社會生活或待人處事上，面對到真實自我而感到挫折時，大部分情況都無法透過自我復原能力再次站起來。

此外，「社會服務與捐贈」也對提升自尊有幫助。人在某個人很需要自己的時候，自尊就會大幅提升。**社會服務與捐贈是為他人所做的事，同時也是為自己所做的事**。這是最簡單也最輕鬆可以提升自尊的方法，這件事可以對雙方都帶來幫助，可謂是最簡單又良好的妙方。

梁在雄

我以前的自尊也不算高，但是我從小就體悟到，如果自己對某人來說是有意義的存在，這就可以為我的生活帶來很大的動力，所以我一直把人生方向擺在這裡。但是後來，我瞭解到**把重心放在他人而非自己身上，不但對於提升自尊的效果有限，這樣的人生方向還反而會使自尊容易下降**。

當然，在有生之年要改變想法，認為自己具有價值，是非常困難的一件事。但是，在經歷過無數的煩惱與嘗試後，現階段的我不再為了滿足他人而活，我把人生目標擺在「成為可以幫助他人並具有良性影響力的人」上。在這個尋找如何平衡自我主導和人際關係的過程中，我的自尊也一步步跟著提升。

梁在鎮　為了改變自己，我也付出了許多努力。在這個過程中，從大量患者與大眾身上獲得的正面回饋，對我帶來諸多幫助。我也很努力讓自己所說與所做的保持一致，我認為當認知到自己是言行合一的人，就可以提升自尊。

梁在雄　雖然現在你可能還被自卑感所束縛，難以看清自己。但如果沒有啟動

「為自己而活」的力量，為了成為一位好人，只顧著其他人的評價，說不定真的會錯過自己真正想要的東西。又或者，為了不去體驗何謂徹底失敗與自我極限、不讓自戀受到傷害，可能會在逃避挑戰的同時，停留在自我意識過剩的狀態。殊不知如果能在那裡經歷挫折，能夠不要無所作為地安於現狀，就足以提升自尊。

人生要放遠來看，沒有人會知道十或二十年後的自己會是什麼樣子。當下來自他人的負面評價，並不代表那就是你。不要否定自己的存在，做好準備，去挑戰、去失敗吧！要持之以恆，找出屬於自己生命的方向。

梁在鎮

不論是誰，都曾經在人際關係上受過傷。如果跟與自己不合的人，或是不懂你價值的人變得親近，我們有時候會誤以為，他們所評價的，就是自己真正的樣子。但是，**不管面臨什麼狀況，都要站在自己這一邊**。如果你只感受得到對自己的討厭、憎惡、失望，請試著從小事開始，練習愛自己與尊重自己。

如果你在一段自我卑微的關係中感到痛苦，最好乾脆切斷這段關係；如果做不到，也要盡可能暫時保持距離。**如果想與他人建立一段良好的關係，自尊非常重要**。為了提升自尊，切斷不好的關係也很重要。

想被他人肯定的我，自尊很低？

我不管做什麼事，總是會計較自己能不能獲得他人的認可。
就算是我自己喜歡的事，
如果不能從他人身上獲得正面評價，我也會感到懊惱。
你們說自尊會跟著正面回饋而提升——
自尊跟被肯定的欲望不一樣嗎？

梁在鎮

被肯定的欲望，顧名思義就是想從「他人」身上得到肯定的一種欲望，也就是一種想從某個人身上獲得對「自我價值」或「我」的肯定，藉此取得安全感、滿足與幸福的心理模式。

但自尊，是源自於親手成就自身所設定之目標的感受，在這當中獲得正面回饋的時候自尊就會提升，這不同於一開始便以獲得他人肯定作為目標的「被肯定的欲望」。

梁在雄 有不少人即便在學業和工作上表現不錯，但自尊卻很低。這個問題源自於「方向性」與「主導性」。「我正在做自己想做的事」或「我正在迎合他人的希望」，根據方向性的不同，自尊會產生非常大的差異。此時的自我效能感與自律性就很重要了。

所謂的自我效能感，是指對自己是否具備達成目標所需能力的自我評估。也就是說，自我效能感是自尊的必要條件，但是自我效能感高並不代表自尊就會變高。必須依照自我設定的方向決定目標，在達成目標的過程中才會產生自尊。

梁在鎮 其實這些都是成長過程中需要培養的能力。校園生活中，課業學習固然重要，但是學習待人處事與適應社會的能力也一樣很重要。為了培養這些能力，我們不能只把焦點放在推甄或學測，也需要學習體育、音樂、美術等藝術活動，需要改變對學習的認知。就像前述所說，當我們朝著自己想要的方向，為了達到自身想要的成就而前進，自尊自然而然就會提升。

但是以亞洲的教育現況看來，大部分的人都在不知道自己要什麼的狀態下，被推向同一個地方，結果導致我們從幼兒時期開始，便無可選擇地只能處在低自尊的狀態。而如此持續把自己擅長或想做的事拋諸腦後，漸漸變得不知道自己擅長什麼，甚至連擅長的事都做不好，導致我們更加無法感受到成就感，於是自尊提升的可能性也持續減少。

梁在雄

美國心理學家亞伯拉罕・哈羅德・馬斯洛（Abraham Harold Maslow）所提出的需求層次論（Hierarchy of Needs）中，最上層的需求是自我實現，其下

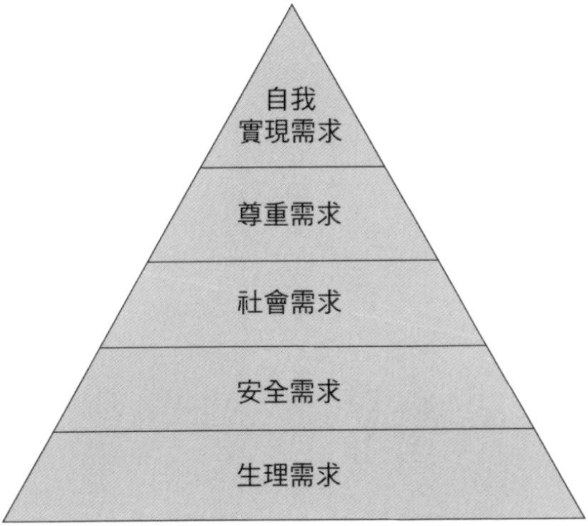

圖 1：馬斯洛的需求層次論

則是尊重需求，也就是所謂「被肯定的需求」。接著是需要感受愛情與歸屬感的社會需求、安全需求與生理需求。

自尊較高的人，比起尊重需求，會把焦點放在更上一階的自我實現。不管是誰，生活中都需要一定程度的被肯定，但若已跨越了這個階段，比起在意他人怎麼想，會更把精力使用在實現自己真正渴望的事情上。換句話說，自尊低的人，追求尊重需求大於自我實現；而自尊較高的人，追求自我實現大於尊重需求。也就是說，當自尊提升到某個階段之後，就不會再如此需要被他人肯定。

為了提升自尊，一開始不需要設定太遠大的目標。只要從稱讚自己日常所做的小行動開始就夠了，請先設定一個付出些許努力便可以輕鬆達成的目標，成功的時候就肯定自己。

每天散步一小時、每天有一餐準時用餐、自己洗碗、晚上不要太晚睡……這些微不足道的事都可以成為我們成功的經驗來源，而且最後變成我們大獲成功的墊腳石。

我們必須至少付出一點努力，才能夠提升自尊，希望各位都可以從小小的努力開始，每天一點一滴慢慢達成。

討厭總是被父母言語擺佈的自己

我平常不太在意他人的言語或評價，自尊好像挺高的。
但是唯獨父母的話，
會讓我過度敏感，也會動搖我已經下定決心的事。
這種情況也屬於低自尊嗎？

梁在雄

過度在意父母言語的情況，很可能是**情緒上還沒有獨立**。在這種情況下，可以不在乎其他人的評價，與其說自尊高，更可能是因為對於父母以外的他人，都保持著情緒上的距離。處於這種狀況的人，很可能會誤以為自己可以不在乎其他人的言語。

和他人相處之時，如果有保持著情緒上的警戒，就能不在乎他們的評價；但是一旦與他們建立了和父母一樣的情緒紐帶，就會出現一樣的狀況。

也就是說，是因為到目前為止你都還覺得父母的言語具有權威性，所以心理上才會受到影響，也才誤以為父母以外的人所給予的評價，不會對自己造成太大的作用。你徹底忽略父母以外的人，同時又無法拒絕父母的言語要求，但是偏偏也想要從中脫身——這個情況跟電影或小說中的公主、王子或者富二代的故事很類似。

若要解決這個問題，**平衡**很重要，你必須與父母保持更多情緒上的距離，並縮短與他人之間情緒上的距離。在無法從父母身上情緒獨立的狀況下，很難以討論自尊。這種情況下，對自我的正面評價，很可能都是父母創造出來的自我意識過剩或自我欺騙。

最重視父母的肯定的人，絕對無法走向「為自己作決定和負責」的下一階段，因為這樣的人無法建立自己的標準，總認為父母會有答案。唯有從父母的標準中脫離，在社會上體驗他人標準的同時，建立自身的標準，此時自尊才會成形。所以說，要先調整與父母和他人之間的情緒距離，從父母身邊獨立後，才能更進一步思考自尊的問題。

在除了父母以外沒有其他客體關係的童年時期，每個人都會想獲得父母的肯定。青春期過後，開始進入社會，漸漸會脫離父母，轉而想獲得其他人的肯定，接著才會產生自我實現的需求。也就是說，還沒有從父母身邊脫離的人，離自我實現的階段還很遙遠。

梁在鎮

情感距離較遠和較近的人給予我們回饋的時候，我們接受的方式會非常不同。家人之間的言語可能會為我們帶來更大的力量，反之，也可能造成更大的傷害。因為我們相信所謂的家人，是一輩子都不會變也無法改變的關係，我們常認為不管自己說出什麼話、做出什麼舉動，家人都一定可以理解。有些人對家人不會表達謝意和歉意，也是出自於我們「總以為家人自然會懂」的誤會。情緒距離很近，所以會造成更大的傷害，因為我們本認為這是一段不會結束的關係，甚至還會因此感受到挫折或深陷絕望。所以說，**家人之間應該需要保持更多禮儀和關懷，維持適當的情緒距離也很重要**。

想要與家人保持情緒距離，首先就要從家人，特別是父母身邊獨立。獨立可以分為身體上的獨立、精神上的獨立、經濟上的獨立，其中最重要的就是**經濟上的獨立**。很多人都以為情緒獨立是最重要的，但是如果想要達到情緒上的獨立，首先必須要經濟獨立。

如果接受父母的經濟援助，就會認為父母是自己人生的股東，所以無法達到精神上的獨立。身體上的獨立更不用說了，如果接受父母的經濟援助，居住空間也是由父母安排的話，同樣地，父母便是這個空間的股東，因此也不能稱之為獨立。我們必須透過經濟獨立達成身體與精神上的獨立，如此一來才能與父母維持適當的情緒距離。跟家人的情緒界線模糊不清的情況下，無法討論自我的存在。希望各位銘記這點，並且都能找出真正的「我」。

想說的話說不出口，越來越憂鬱

以前我想說什麼就會說出來，不管別人怎麼想，我都會做我想做的事，覺得只要按照自己喜歡的方式活著就可以了。

但是隨著年紀增長，我越來越容易往心裡去，很在意其他人不喜歡自己。

我的自尊下降了，自信心也消失了，只剩下憂鬱。

梁在鎮　我經常聽到二十出頭的社會新鮮人說，進入社會生活之後，自尊變低了。但其實自尊高，跟想說什麼就說、想做什麼就做，是完全不同的兩件事。

身為學生或未成年時，也許可以言行毫無顧忌。但是進入社會後，為了配合這個已經被定義好的系統，在裡頭生存下來，當然會感受到限制，無法再隨心按照自己想要的方式生活。在這個過程中，很多人都會認為是自己沒有以前優秀，自信心好像下降了；也覺得自己看起來卑躬屈膝，變弱了。

絕對不可以有這樣的錯覺。進入社會後，待人處事上絕對無法只說自己想說的話、做自己想做的事，而得要從想說的話裡，區分出可以說和不能說的話。我們一定要練習只說可以說的話，這是提升社會性，以及體驗生存技術的過程，也是社會生活的基本。所以說，我們需要努力以客觀的角度看待自己身上所發生的變化。

關於剛進社會的這份感受，希望大家時刻記得——這並不是自尊下跌，而是從孩子變大人的過程；這也不是順應社會，而是適應社會的過程。這是你正在變成熟、正在長大的證明，可以把它視為是一種良性的變化。

梁在雄 再補充一點，所謂的自尊，是指不在意他人評價的狀態——不在意誰喜歡我、誰不喜歡我。

進入這個名為「社會」的框架，就必須接觸到比以前更多的新交流與挑戰，在這個過程中，失敗與挫折肯定會更多。與過去相比，隨著社會視野變廣、經驗值增加的同時，也會有自己無法接受新意見的狀態，也就是說，這當中也可能發生**自戀性傷害***（Narcissistic Injury）。在經歷自戀性傷害的過程中，可能會感到憂鬱，但這都是成長必須經歷的成長痛。

我們以前對自我的正向評價，如前面所述，很有可能是自我意識過剩或自我欺騙。自我意識過剩簡單來說，就是活在自己的世界裡，或是父母架構的世界裡，相信自己是對的——這個狀態看起來跟高自尊很類似，但兩者絕對不同。

高自尊的人，可以清楚認知社會標準，並與自我架構的標準保持平衡。而自戀性傷害則是在社會框架之下，自我意識過剩和自我欺騙的狀態徹底被打破——這也可以說是架構自我標準的第一步驟。換句話說，我們首先要認知到自己正在積累社會成熟度，先接受這個事實，接下來再談論自尊。

需要注意的是，很多人無法忍受這個過程，又會再度回到洞穴。但如果不能克服現在的疼痛，將無法進一步成長，即便現階段害怕踏出去，只要走過無數次碰撞和破碎的過程，最終一定可以實現社會上的成熟，找到自己追求的方法與標準。

＊編註：遭受打擊產生情緒創傷，因而自尊心或自我價值感受創的情形。

老是覺得自己不夠好，怎麼辦？

我對於他人的言語過度敏感，
如果有人反駁我的意見，我就會感到壓力。
就算明知事情不是如此，我也會冒出「對方是不是討厭我？」的想法。
是因為吝嗇給予稱讚的父母，以及兒時被霸凌的經驗，才造就這樣的我嗎？
我要怎麼做才能提升自尊？

梁在鎮　很多人因自尊而煩惱，期待著只要提升自尊，人生就會變得很順利，因此找書來看，也會去聽演講。但是理論上的瞭解和提升自尊，是完全不同的問題——提升自尊並沒有想像中簡單。

梁在雄

所謂的自尊是肯定並尊重自己。我們主要會對哪些人懷抱尊敬之心呢？

最常見的情況是因對方達成的業績或成就，也就是容易對他的成果產生尊敬之心；或者是因對方言語或行為中流露的品行而感到尊敬。諸如處理事情很細心、很會照顧人、很有耐心……這樣其中的一、兩個樣子，就會塑造出一整個人的形象。我們往往都只根據自己看到的特定面向來判斷一個人，也就是說，我們會因為他人的成果或某些形象傳遞出來的特定優點而產生尊敬的感覺。

但是實際靠近這樣的人之後，又會發生什麼事呢？當我們瞭解業績或成就背後的情況，進而發現各種缺點的時候，我們還能繼續維持這份尊敬之心嗎？要對親近的家人、朋友抱持尊重與尊敬並不容易。

那麼對於自己呢？由於我們非常瞭解自己的弱點，於是越會過度專注在自身的弱點或陰暗面，當然就越難尊重或尊敬自己。

所以說，我們應該要懷抱著與面對有距離感的他人時相同的心情，不要專注在自己的缺點或不足之處，關注自己好的一面很重要。這也是為什麼在近距離的關係中，維持些許的心理距離很重要。如果與他人的情緒距離太靠近，我們不知不覺間就會專注在這個人的缺點上，而這也很容易被當作是自我否定的另一種依據。

所以說，跟自己保持一定程度的情緒距離十分重要，這與培養客觀看待自己——也就是所謂的**後設認知**（Metacognition）有關。如果不能客觀看待自己的優缺點，很容易就會對自己產生負面評價，或者容易根據他人的評價，相信自己有價值或是認為自己毫無用處。

後設認知就像情緒日記一樣，可以透過理性觀察自己具體的情緒流動，進行訓練。位在大腦前方的前額葉（Prefrontal Lobe），具有計畫、執行、感受成就感、重新解釋回饋的功能。透過刺激前額葉的活動，可以使後設認知成長。如此就能努力不斷傾聽自己的內在變化，在確認外界與自己會受到什麼樣影響的過程中，用客觀的角度看待自己。

此外，在對某人懷抱尊重之心的時候，更重要的是學習把焦點放在過程，而非業績或成就這類的成果之上。**如果對他人的尊重只基於成果，你對自我的評價也大部分都會是負面評價**。

梁在鎮

為了提升自尊，我們必須以能夠客觀看待自己的後設認知為基礎，並具有不透過他人評價，自行區分出自我優缺點的能力。不要放太多心思在自己不好的那一面，專注在自己的強項或才能，努力培養它們。重要的是不要以成果為導向，要肯定努力過程中的自己。不要一直拿自己不擅長的地方和他人比較，停止做傷害自己的事情，不管別人瞭不瞭解，要試著自己瞭解自己帥氣的行為，並為此滿足。

雖然兒時的家庭環境會決定很多事情，但是不能把低自尊的原因全部都歸咎於過去的環境或父母的錯誤。記得，決定自尊的人不是別人，而是我們自己。

要對完全不認識的人產生好奇與好感，接著成為彼此喜愛的關係，需要投入很多的時間、關心和努力。一開始，我們都不會是彼此重要的人，就算不見面也不會有什麼關係。但是隨著一、兩次的約會，時間與回憶開始積累，隨著一起相處的時間和花費的精力，大部分的人都會開始認為對方變得相對重要了。接著開始煩惱可以為這個人的幸福和健康做些什麼，漸漸地，對方在自己心裡的價值就會增加。

梁在雄 對自己也是相同的道理。自尊較低的人，大部分都會想從外部關係中尋找可以提升自己自尊的人，但光靠遇到一個珍惜自己的人，很難讓自尊有所提升。這麼做只會帶來瞬間的滿足感，而且隨著關係靠近，開始看到對方的缺點後，這段關係很可能再延伸成為自我否定的原因或結果。

也就是說，在低自尊的狀態下，人幾乎不可能尊重、珍惜自己的親近對象。我們會認為持續對自己表達關心，跟自己度過越多時間的人，越能成為對自己有意義的人。當對方越是珍惜自己，為自己做越多事情，在心裡「自我價值」就越高。

梁在鎮

自尊越高，就越不會受到外界評價所束縛，不會因為無謂的自卑感，浪費能量去討厭或刁難別人。為了提升自尊、為了愛自己，希望大家都可以繼續為自己投入時間與能量，努力實現目標。

接受自己真實的一面，跟努力提升自尊一樣重要。用適合自己的方式生活吧！假如不管怎麼努力，自尊還是都沒有提升，也不要過度苛責自己。我們需要接納自己，接受這是自我的一部分，自我接納也會用另外一種方式提升自尊。

自尊與自尊心大不同

很多人會把自尊和自尊心搞混。舉一個簡單的例子來說，當有人罵自己是「笨蛋」的時候，對這件事情發火的人，就是自尊心較強，並不是自尊較強。自尊真的高的人，反而不會在意，處之泰然，因為自尊強的人，並不在意別人怎麼看自己。

認為自己很聰明的人，就算有人罵自己，也可以輕鬆忽略，以玩笑帶過；但是自我評價不足的人，就會對此耿耿與懷，以暴躁的方式應對。這反應的起因來自於真正的自己與希望他人眼中看到的自己有所不同，因而從中產生了不安全感。

那自尊心很強又是如何呢？所謂的自尊心，如果沒有其他人就無法成立，因為當一個人獨處的時候，自尊心很強這句話毫無意義。

自尊心跟被肯定的需求很相似，只有在與他人的關係中才能顯現。反之，對於自尊而言，他人就顯得完全不重要。

高自尊的人，不在意其他人怎麼看待與評價自己。

換句話說，擁有高自尊的人會以自我信任為基礎，不會渴望獲得他人的認可，也不會執著於展現自尊心或做出任何自尊心強烈的行為。自尊與自尊心，從結果上看起來好像是反比例的關係，但實際上卻是完全不同次元的概念。

第二章

不安全感

雖然不會消失，但是可以控制

變漂亮的話，就會有人愛上我嗎？

我們要先愛自己，外表上才會發生變化。
也就是說，愛自己，
看待自己的視線就會產生變化。
此時看到的自己，才是真正的自己。

就像愛一個人一樣，請愛惜並重視自己。

在暴食和減肥中無限反覆，我想愛自己

從小開始我就在承受大量外貌指責的環境下長大。
雖然我曾經減肥成功，但是隨著健康亮起紅燈，我反覆發生嚴重的溜溜球效應。
現在我有腎臟和卵巢的疾病，健康全毀了。
只要一感受到壓力，我就會反覆大肆亂吃和催吐。
我還可以愛上這樣的自己嗎？

梁在鎮

暴食症和厭食症，是飲食障礙中最具代表性的兩個類型。短時間內攝取大量飲食，再透過催吐等行為防止體重增加——反覆進行這種異常行為的，我們就稱之為**暴食症**。而長時間嚴重拒絕飲食，則稱為**厭食症**。

梁在雄 利用攝取食慾抑制劑或透過便秘藥物促進腸道蠕動的方法，仰賴藥物進行減肥，必定會引發腸道機能喪失等嚴重的健康問題。反覆催吐也是一樣，食道與腸胃之間有括約肌，如果持續催吐，會使括約肌完全張開，最後導致胃酸持續流向食道，引發逆流性食道炎（Reflux Esophagitis），患者會經歷嚴重的疼痛和脹氣等症狀。

梁在鎮 反覆暴食和催吐，常是因為情緒混亂、憂鬱症（Depressive Disorder）或其他心理障礙而起，在壓力之下變得脆弱，更加速了反覆的行為。如果有需要的話，到精神健康醫學科接受抗憂鬱藥物治療等也是很好的方法。如果一個人面對覺得很吃力，就應該要積極接受專家的協助，這也是努力找尋並實踐愛自己的方法之一。

因為過度肥胖或嚴重過度肥胖導致健康發生問題時，最好要減輕體重，這個時候就應該使用正確的方法。但是如果體重僅僅達到稍微脫離正常體重的程度，卻仍然把纖細的身軀理想化，以錯誤的身形作為基準，這也是一個問題。如果你對於減肥過度執著，可以問問自己為什麼要減肥，並試著從中找出最終的原因。在尋找各項原因的時候，若發現答案合理，就應該用正確的方式好好減重；但如果那個理由任誰看來都不妥當，那麼該迫切解決的不是身體，而是想法。

愛自己的方式不能只用幾種模式來規範，但**只**著重在外表的愛，肯定不是愛。我們其實是最知道怎麼樣愛自己的人，只不過無法實踐而已。仔細地去思考，什麼是愛自己、什麼不是，然後至少試著實踐一次吧！當然，說起來比做起來簡單。不過一定有人可以克服困難的，這份開始是為了自我理解和改變的一次小小實踐。

為此，希望你能先找到可以健康排解壓力的方法，試著以此作為起點，練習、訓練、執行。只要變漂亮，就會有人愛上自己嗎？其實是我們要先愛自己，外表才會發生變化。也就是說，愛自己，看待自己的視線就會產生變化。這個時候所看見的，才是真正的自己。

有的時候我們會更討厭那個明明知道要怎麼做，卻無法改變的自己。這種時候請記得，愛自己的人，是跟「自己」非常親近的人；然而無法愛自己的人，則非常質疑自己值不值得被「他人」所愛——這個標準總是放在「他人」身上。在這種情況下，我們一旦被「他人」排除在外，自我便會消失。即便這本應該是你自己的世界，裡面卻充滿了「他人」。

如果單戀某個人，我們自然而然會開始觀察和思考對方需要什麼，想要送禮物給對方。當投注的時間與精力越多，就代表那個人在我們心中越佔有一席之地。

愛自己的方法也跟單戀一樣，去思考自己是哪一方面能力不足、擅長什麼事、做什麼事情會開心……不管是物質、精神、時間方面都可，繼續送你所需要的禮物給自己吧！要對自己比對任何人都好，先確保有足夠的時間可以跟自己相處，如此一來，心裡自然而然就會產生對自我的關愛。要告訴自己：「我最愛的人是自己。」希望你能用對愛人的方式對待自己。

梁在鎮

外貌是一個人最大的特徵，有些情況下會帶來大量的好處。但是我們眼見的並非全部，這世界不存在完美無缺的人。就像不會運動的人，還可以用另一項技能展現自己一樣，即便對自己的外表感到不滿足，也可以透過更優秀的其他特點來證明自己的價值，希望你不要過度以外貌來看待這個世界。

梁在雄

如果你的身邊有著不斷批評你外貌的人，最好遠離他。因為這樣的人說到底，不是對你有益的人。韓國有個詞彙叫「顏評」，我們都知道這個詞彙有多負面，但是當有人真的以長相來評價自己的時候，我們卻會在心裡想：「果真如此？」被這種想法所影響，束手無策地承受批判。

不管是什麼人，在他人沒有意願的情況下，都沒權力批評對方的外貌或者個性，所以**不要賦予其他人隨意批判自己的權利**。在跟他們相處的過程中，希望你能專注在自己身上，找到自己的優點。

在這個世界上，你該是最愛自己的人，要像對待愛人一樣珍惜自己。這件事需要練習，但請不要放棄。只要持續練習，有一天你一定會成為真正美麗又可愛的人。

過度潔癖，都變神經質了

我沒有辦法觸碰新的東西，一旦覺得髒就一定要立刻洗手。
雖然朋友們都可以諒解，但我總覺得很抱歉，
也盡可能努力不讓不認識的人發現這點。
現在因為新冠肺炎，我連家門都出不去，
我不能去的地方、不能做的事情，逐漸地在增加。

梁在鎮

潔癖是**強迫症**（Obsessive Compulsive Disorder,OCD）的一種，基於可能被病毒或細菌感染的無意識恐懼，因而執著於清潔。在有潔癖的狀態下，人會因為不喜歡手上沾染異物等感覺而經常洗手，也會不願意觸碰

門把，或經常使用消毒劑或濕紙巾，在清潔上非常敏感。

新冠肺炎發生前，很少人會隨身攜帶手部消毒劑，但是近期變得很常見，因此對有潔癖的人來說，症狀只會更加嚴重。

梁在雄　每一百人之中，就會有二到三個人有強迫症的症狀，是很常見的疾患。但因為這屬於自我不協調（Ego-Dystonic），因此患者在認知到自己有問題的過程中，多半會伴隨著憂鬱症。

《愛在心裡口難開》（*As Good As It Gets*）是一部鉅細靡遺描繪強迫症症狀的電影作品。主角去餐廳時總是坐在同一個位置，帶著自己專用的刀叉；開門的時候也會用手帕或衣服包裹；出門回家洗手的時候，會使用一次性香皂，用完就丟，這些全部都是典型的強迫症症狀。

梁在鎮　但是最後主角透過自己所愛的人，獲得了改變的契機。看過電影的人都誤以為是愛緩解了主角的強迫症，但其實讓主角症狀緩解的，是藥物。就像主角在片中所說的：「是妳讓我想成為更好的人。」愛情讓主角拋開對藥物的排斥，而最後治癒主角的，是名為「百憂解」（Prozac）的抗憂鬱藥物。

換句話說，**強迫症很難靠自我意志治療**。如果使用磁振造影（MRI）拍攝強迫症患者的腦部，會看到腦部下方的眼眶額葉皮質過度活躍，因此強迫症是必須以藥物治療的疾患。

此外，還有一種「暴露療法」（Exposure Therapy），是被用來治療強迫症或特定畏懼症（Specific Phobia）的方法。所謂特定畏懼症，是指遭遇特定對象或狀況，便會立刻引發恐懼和焦慮的一種症狀。暴露療法也被稱作「洪水療法」，是種會按照步驟增加特定事物的接觸，一口氣讓患者大量暴露在恐懼狀態下的方法。

梁在雄　一般我們所謂的潔癖症，是指針對清潔和污染的強迫症，代表性症狀是摸到某樣東西，就會感覺遭到污染而立刻前去洗手。潔癖症的暴露治療，就是在故意觸碰某個東西之後，禁止患者洗手，讓患者自己認知到，即便沒有採取清潔行為，也不會發生任何嚴重的後果。在這種情況下，有時候也會進行「認知行為治療」*。

強迫症的藥跟治療高血壓或糖尿病的藥一樣，只是一種緩解症狀的藥物，不需要對此感到排斥。

如果能為了改善生活下定決心接受治療，對於社會生活或建立人際關係都會帶來莫大的幫助。只要賦予動機、持續努力，潔癖症絕對是可以治療的疾患。

一般服藥到有反應為止，不長不短需要三個月左右的時間。如果沒

* 編註：Cognitive-Behavioral Therapy, CBT，透過心理學方法，引導病患找出原因，改變其不適應的思考模式和行為的治療方法。

有效果，就會更換藥物再依序進行，這也需要針對容易伴隨而生的憂鬱症進行評估。這個時候最重要的，就是要跟信任專家一樣信任自己——相信自己一定會好起來。

幸福的同時，又伴隨著令人窒息的焦慮

我已經接受好幾年的焦慮症（Anxiety Disorder）藥物治療了。
我隨時都對不存在的對象或實體感到焦慮，
如果經歷不好的事情，又更為嚴重。
職場的評估與審查，也讓我對自己的能力感到羞愧。
就算很幸福，也會突然變得很痛苦，甚至還會想放棄人生。

梁在鎮

並非針對特定情況或事件，而是對生活上所有的事情都感到焦慮，是廣泛性焦慮症（Generalized Anxiety Disorder, GAD）的主要症狀。

廣泛性焦慮症有兩個主要特徵。首先是，**對再小的事都容易感到焦**

慮，並不針對報告、演講、唱歌等必須站在多數人面前的特定緊張情況，而是一整天都過度感到焦慮。另一種則是，**因為嚴重焦慮導致失眠或原因不明疼痛等**各種身體症狀。

梁在雄　上述所指的特定情況，也就是害怕在其他人面前做某些事或行為的症狀，會被診斷為「舞臺恐懼症」（Stage Phobia）。此處所指的特定情況，諸如：在多人場合發表言論、在舞臺上表演，或是在眾目睽睽的情況下答題等。如果害怕的症狀持續，特定情況就會演變成一個小小的創傷，讓人無論如何都想迴避這類狀況，接著對於每件事都沒有自信，同時產生羞愧感，也可能會伴隨憂鬱症，嚴重甚至引發自殺衝動。

梁在鎮　這個時候如果在學校或職場上又獲得不好的評價，就會產生羞愧感，開啟惡行循環——當焦慮感上升，工作執行能力下降，就可能收到負面評價；如此一來，焦慮感會再進一步提升，結果當然就成為執行其他工作時的阻礙。

梁在雄 舞臺恐懼症發生時，作用於心血管的藥物可以帶來立即性的成效。大腦意識到焦慮時，會對心臟發出訊號，讓心臟怦咚亂跳；而當大腦再意識到心臟在怦咚亂跳，就會出現「原來我真的很焦慮」的想法。儘管舞臺恐懼症可以透過服用簡單的藥物達到良好的療效，但還是有很多患者不知道這件事實，因而無法接受適當治療。

梁在鎮 對我來說，最好的精神健康醫學科診療，就是在離家近的地方，看同一個認識很久的主治醫師。但如果已經長時間接受治療，症狀還是沒有獲得改善，一直反覆好好壞壞，更換主治醫師也是一種方法。

另外，也可以考慮認知行為治療。簡單來說，就是練習利用自身的想法來調整身體的症狀，這也是大部分焦慮症會並行採用的治療方法。練習「停止提前擔心還沒發生的事」，也屬於認知行為治療的領域。除了與主治醫生一起採用藥物治療以外，可以同時並用多種治療方法的話也很好。

梁在雄 人們常說的創傷後壓力症後群（Posttraumatic Stress Disorder,PTSD），也是一種焦慮症。所謂的焦慮，是大腦顳葉內部的杏仁核及其周邊部位過度反應所致。當杏仁核過度反應時，腦海會浮現過去不好的記憶。

當心情不穩定且集中力渙散的時候，持續刺激額葉會有所幫助。最有效的方法是運動，因為運動是可以由自己計畫內容、付諸行動、立刻看見成果的活動。如果無法運動，整理書桌、做筆記也會有所幫助。執筆、打開筆蓋、在紙上寫字的過程，也是可以自體刺激額葉的理性活動。

當連結到過去不好的記憶，導致焦慮感提升時，透過這種「計畫↓

執行↓完成↓回饋」的簡單活動刺激額葉，可以瞬間降低焦慮感。反覆訓練之後，就可以獲得客觀看待自身情緒或焦慮的能力，這也屬於前面我們談論過的後設認知。簡單來說，就是可以自行理性判斷：**「現在焦慮的事情，其實並不需要焦慮。」**

焦慮感較高的人，基本上一旦出現某種想法就很難改變，也就是我們經常講的「僵化思考」。這類型的人會認為，過去學習到的負面記憶數據也會對未來造成影響，因而持續逃避面對過去曾有過困難經驗的特定人事物，於是自身的經驗數據庫總是一成不變。

為了治療焦慮症，要學會接受曾經讓自己陷入困境的特定人事物；要學會靈活思考，知道狀況和人都可能會改變，自己也會改變。此外，也必須相信未來的自己跟過去的自己不一樣，因為這是事實。希望有焦慮症的人，可以藉由練習改變僵化的思維，同時透過刺激額葉活化的活動，擺脫惡性循環。

搭大眾運輸時呼吸困難，這是恐慌症嗎？

最近搭乘大眾運輸工具的時候，會感覺胸悶，好像連脖子都被掐住一般，出現喘不過氣的症狀。一開始我以為是天氣的關係，但後來在其他人面前報告的時候，不但出現相同的症狀，連手都在顫抖，甚至產生了很想流淚的恐懼感。我得了恐慌症（Panic Disorder）嗎？

梁在雄

多虧某一陣子，很多演藝人員紛紛吐露自己患有恐慌症，現在很多人都知道了什麼是恐慌症，也因此，很多人認為恐慌發作和恐慌症相同。

但所謂恐慌症，會伴隨胸悶、無法呼吸的**「恐慌發作」症狀**，以及不知道會突然發生什麼事情的**「預期性焦慮」**（Anticipatory Anxiety）。也就是說，同時出現恐慌發作與不知道恐慌什麼時候會發作的預期性焦慮，才會被診斷為恐慌症。

梁在鎮 突然感到暈眩或心跳加速、陷入極度焦慮與恐懼、從指尖到腳趾都出現奇怪感覺、呼吸困難導致胸腔周圍疼痛、對死亡產生恐懼……這些都是恐慌發作的代表性症狀。

上述這些症狀並不會一口氣全部蜂湧而出，而是會選擇性地出現其中幾種。

這類型的恐慌發作，不會只發生一次，或只在特定情況下發生。若初次發生之後便無時無刻反覆發生，就會被診斷為恐慌症。換句話說，在睡覺或吃飯時都會突然出現症狀的情況，跟搭乘大眾交通或在許多人面前報告等特定狀況下才會出現的情況不太相同。

梁在雄 恐慌發作除了恐慌症以外，也會出現在所有的社交恐懼症（Social Phobia）、廣泛性焦慮症、特定畏懼症中。對於因為獨自處在無法立即避開的場所或狀況之中而感受到的恐懼，就稱為「特定場所畏懼症」（Agoraphobia）。

梁在鎮 特定場所畏懼症是分辨恐慌症的一大標準，可以分為伴有特定場所畏懼症與沒有伴有特定場所畏懼症的恐慌症——但大部分情況都伴隨特定場所畏懼症。為了診斷是否為伴隨特定場所畏懼症的恐慌症，要仔細區別症狀是否只有在具有特定壓力的狀況下才會出現。

恐慌症第一次的恐慌發作，大部分都會有前提的壓力，但大部分從第二次發作開始，就幾乎沒有前提壓力。所以說，如果有在多數人面前發表、演講等的前提壓力，可以視為是由此引起的社交恐懼症或對該情況感到極度焦慮、恐懼的特定畏懼症。

梁在雄 為了正確診斷，首先要接受心電圖檢測，如果心臟沒有異常，最重要的是盡快接受精神健康醫學科適當的初期治療。如果是恐慌症，為了不引起後續第二次的逃避反應或憂鬱症，應該盡早開始接受諮商與藥物治療。

恐慌症會留下創傷，因此容易從下一次開始逃避特定的狀況。隨著自己創造的魔咒和逃避的事物增加，逐漸限制了自我行動，在許多情況下都會產生憂鬱症。因此早期快速且強勁的治療比什麼都還重要。

梁在鎮 有人說恐慌症就算治療也不會痊癒，但是接受治療症狀卻沒有改善的情況，原因大致上有兩種。

第一種是**飲酒**。醫生之間甚至有傳聞說，喝酒隔天一定會惡化的疾病就是恐慌症與痛風。對於恐慌症而言，喝酒是致命的行為。飲酒的隔天會導致大腦過度清醒，使恐慌發作的可能性提升。

就像用力壓住彈簧，反而會使彈簧彈得更高一樣，因為酒精而鎮靜的大腦，在酒精退去之後，會變得更加清醒。反覆為了消除焦慮而飲酒，只會使應該要活化的額葉機能更加低落，反覆之下，還可能因為額葉受到損傷，引發酒精性失智。

另外一個原因則是**自行中斷治療**。有些人在接受治療的過程中，感覺有好轉，就以忙碌或不想服藥為藉口停止看診。這樣的人容易在經歷幾次復發再就醫，又再次中斷的過程後，認為治療效果不彰而放棄治療。

梁在雄

恐慌症藥物治療需要花費六個月左右，如果覺得有好轉，就在這當中停藥，恐怕很難不復發。接受六個月的治療後，最好可以觀察狀況，繼續接受治療。藉由分析治療，找出焦慮感高且難以調整的根本性原因也很重要。許多恐慌症都是因為無法理性接受焦慮而導致的結果。為了讓負責掌管恐懼等情緒的大腦，在受到特定領域刺激的瞬間，培養出客觀且理性看待狀況的能力，最好可以同時也接受認知行為治療。

焦慮一成形，就無法控制地膨脹

我老公一年前開始從事飛行相關工作，從那之後我就一直很擔心會發生事故，因此感到非常焦慮。嚴重時，起飛前一天我還會在老公面前哭泣。雖然老公會安慰我，但是我的焦慮依然沒有消失。面對還未發生的事情如此焦慮，這是焦慮症嗎？

梁在鎮

每個人心中都有自己的擔心，這是非常自然的狀態。去到陌生地方或遇見新的人的時候，內心本就容易產生不安、恐懼、激動等許多複雜的情緒。所以說，不需要把這份焦慮視為病理問題。但如果這份焦慮不合理，甚或已對日常生活造成負面影響，就需要再進一步觀察。

如果自己或家人從事具有危險性的工作，本來就可能讓人產生會因故受傷的想法。然而如果隨著時間推移，不但沒有越來越熟悉這種狀況，反而還是跟一開始一樣，又或者變得更加焦慮，就可以視為是特定畏懼症；假如連面對跟工作無關的日常生活也會感到焦慮，則可能是廣泛性焦慮症。

除此之外，也可能還有對災難和事故的強迫症。這是一種面對自己、家人或愛人可能會因意外或事故而受傷、死亡，因而莫名焦慮的強迫性思考。這樣的人為了避免意外發生，可能會進一步出現減少外出或勸阻家人及周遭友人不要外出、旅行的強迫性行為。

如果對其他事情不會，僅對某種狀況或原因產生強烈的焦慮——即屬於特定畏懼症的情況——就有必要回過頭檢視自己是不是有相關創傷，抑或過去曾因哪個事件受到衝擊。如果是對空安意外過度焦慮，有可能是原生家庭中有對這件事情比較敏感的人，或者受到學習的影響，認為「飛行是非常危險的行為」，而使得焦慮感擴大。

若不是像上述那樣的特定狀況，而是對大部分情況都感到焦躁、緊張、坐立不安、容易疲倦、難以專注，則可能是廣泛性焦慮症。

這兩種情況的起因，都可能是小時候在環境上受到父母過度保護，或有過行為受到限制的經驗，但也可能沒有什麼特別的原因。

假如在焦慮之下，又同時存有對清潔、整理、排列、囤物、儲物等其他強迫症，在日常生活維持上應該會遇到諸多困難。拜訪精神健康醫學科，接受對強迫症的正確評估與接受合適處置，將會對你有所幫助。

梁在雄

每個人都會擔心家人的安全，**因為愛而感受到焦慮不安是很正常的事**。然而強烈堅守在家人身旁的這份心意，也可能會使家人不舒服。若是真正為了家人著想，就應該要讓他們可以抱持平靜的心繼續工作和生活。

當焦慮感無法克制地迎面襲來時，希望你可以跟著下述這三種方式，練習降低焦慮感——

❶ 首先，**焦慮感湧上的時候先深呼吸**。雖然這個方法很普遍，很多人都知道，但是在大腦被焦慮感埋沒、真正需要的時候，往往很難想起這個方法。因此要有意識的記住這個方法，在焦慮感加劇時，盡可能不要想任何其他事情，就反覆深呼吸。

這個作用與位於大腦額葉中間的扣帶皮層有關。扣帶皮層是被稱為巴貝茲迴路（Papez Circuit）的情緒與記憶閉路的某側軸心，當大腦出現不好的想法時，這個迴路便會促進這個想法。此時，你可以專注深呼吸，透過冥想的方式，穩定扣帶皮層。

❷ 接下來，**計算腦海中想法在現實中發生的可能性**。所有事情都取決於自己怎麼看，不要被捲入讓自己痛苦的想法，或糾結在負面想像上，盡量讓這些想法流過就好。空安意外雖然發生機率很低，但肯

定有可能會發生，但也不能因為低機率的「空安事故」，就不去思考機率較高的「安全飛行」。要拋開「飛行＝危險」的想法，抱持「一切都會平安無事」的信念。面對其他高風險產業，也是相同的道理。

❸ 最後，每當焦慮感湧上時，可以**嘗試做一些能夠推遲焦慮的事情**，做有興趣的事也是很好的方法。當日常生活中的擔心與焦慮提升時，希望你可以練習告訴自己「先做好這件事吧」、「先吃飯吧」、「先打掃吧」……利用這些活動，把擔心的時間向後推遲。

不要選擇做看電視之類的被動性活動，而是要進行主動性活動。特別是前述所說的那類可以計畫、執行、完成與回饋的運動，最好是能夠專注刺激額葉的活動。

只要你試著這樣做，家人不知不覺間就會回到你的身邊了。

強迫症與強迫性人格的差異

過去精神健康醫學科的主要兩大病種，分別為**精神病**（Psychosis）與**精神官能症**（Neurosis）。精神病中以思覺失調症（Schizophrenia）和妄想症（Paranoia）最具代表性；精神官能症中，以憂鬱症和焦慮症最具代表性。廣泛性焦慮症、社交恐懼症都是典型的焦慮症疾病。多數現代人患有的恐慌症，以及幽閉恐懼症（Claustrophobia）、懼高症（Acrophobia）、密集恐懼症（Trypophobia）等特定畏懼症也屬於焦慮症。

雖然每個人都會感到焦慮或緊張，但是由於耐受程度不同，每個人會產生的壓力反應也都不一樣。簡單來說，就是承受壓力的能力不一樣。對某人來說不怎麼樣的事，很可能對另一個人而言是極大的壓力來源，甚至阻礙了其日常生活。

強迫症本來也屬於焦慮症，但是現在已經被歸化成不同類別了。強迫症大致來說是由強迫性思考與強迫性行為所組成。就算大腦不想做這件事，但某些事物卻會不斷讓人產生焦慮不安的想法，為了解決這份焦慮，人就需要做出某種行為。換句話說，強迫性思考是為自己帶來焦慮的想法；強迫性行為則是為了消除焦慮而做的反應。

強迫症會以很多不同的形態呈現，其中最常被提及的「潔癖」，就是對清潔或髒污的強迫症。如前所述，為了消除受到污染的強迫性思考，而做出反覆洗手的強迫性行為，就屬潔癖症。

源於整理、整頓的**排列強迫症**，大致上可以分為兩類——❶按照顏色或用途分類。分類到任誰看來都感覺過度整齊的程度，從表現上來說也是一種潔癖。❷排序後其他人看起來覺得很雜亂，但其實有按照自己的規則或原則排列，這種患者會非常討厭別人隨意移動自己的東西。整齊排列的強迫症與亂中有序的強迫症，共通點是：所有東西都必須要放在原有的地方。

有**對稱強迫症**的人，不論是在牆上掛橫幅、鏡子、相框等物，或在桌上擺放東西，都一定要以平行線為基準整齊排放。

至於**囤積症**（Hoarding Disorder，又稱儲物症），症狀是無法丟棄東西，就算是不需要的物品，也總因感覺日後好像會用到，而遲遲無法捨棄。囤積症容易引起跟共同生活者之間在空間使用上的矛盾，甚至還可能引發離婚，是很嚴重的問題。

絕對不可以踩到人行道地磚的線，否則會感覺天崩地裂；走在路上，某一側的肩膀被撞到，就一定要再去撞另一側的肩膀……這些都是屬於強迫症的典型症狀——因為腦海中出現了讓自己焦慮的想法，所以即便知道這個想法不妥也不對，但唯有完成自己的儀式，才能平息心裡的焦慮，所以只能透過去撞另一側肩膀這種強迫性行為，來消除大腦裡的強迫性思考。

除此之外，也還有人是看到刀子、錐子、原子筆等尖銳物品就會感到焦慮，這種情況和特定畏懼症不同，與其說是害怕自己受傷，他們大部分的情況其實都是擔心對方傷害自己。無法正視對方眼睛的人，大多也是因為害怕自己向對方展露出攻擊性。

談到強迫症，必須要記得的其中一點是——**強迫症與強迫性人格疾患**（Obsessive-Compulsive Personality Disorder,OCPD）**不一樣**。我們經常用潔癖或強迫症來形容將環境整理得一絲不苟且具有完美主義傾向的人，然而強迫症和強迫性人格疾患之間有其差異，就在於自我衝突和自我協調（Ego-Syntonic）。

強迫性人格會因為自我協調而自行主動整理，也會對此感到自豪。當強迫性人格要求別人遵從他的強迫性原則時，很可能會使身邊的人感到痛苦。然而，強迫症則是在自己也不願意的狀態下，為了防堵腦中浮現的強迫性想法，反覆執行特定行為，通常連他自己也會為此感到非常痛苦。

單純愛洗手、喜歡把環境整理乾淨，肯定是種好習慣。精神科在判斷患者是否有強迫性人格疾患等的疾病時，必須觀察患者是否因該症狀而職業功能與社會功能受損，或者有人際關係問題。除非有上述情況，否則大部分都只算是有執著於清潔和整理的傾象而已。

儘管看起來可能很類似，但強迫症與強迫性人格疾患是完全不同次元的疾病。

第三章

未來

可以煩惱未來，但不要陷入絕望

人生不是現在說想結束就能輕易結束的東西。
當你意識到年輕有所侷限，
請從現在開始把人生放遠來看吧！
每一天，都要為明天做好準備。

不必犧牲今天，
而是要妥善將時間與精力分配給現在和未來，
這才是長保幸福的方法。

我應該工作，但我不知道自己想做什麼

雖然考進符合專長的好科系，但是眼看離畢業不遠了，
我卻還是不知道自己擅長做什麼、夢想是什麼、該做什麼事。
我討厭自己想逃避現實、只想走簡單的路，
但又沒有自信可以做到滿足父母的期待。
我的自信心與自尊心一直在變低……

梁在雄　來自父母期望的壓力、煩惱自己真正想要的到底是什麼，這應該是每個準備進入職場的人都會有所共鳴的故事。

梁在鎮

我們所有人都是經歷過了這個時期才踏入社會的，每個處在這段年紀的人，應該都必須要煩惱就業問題。這是人們成長過程中，要從孩子變成大人一定要做的功課，我們稱之為**成長課題**。每個人都得要完成這個課題，才能夠成長進入下一個階段。

這份功課沒有任何人可以幫你完成，只能靠自己，而且也不能跳級。只有自己完成第一份功課後，才能帶著這份成果繼續完成第二份功課。成長課題便是在一定的年齡區間內，必須親自完成的人生課題。

就業是二十幾歲時必經的人生課題——找一份工作、展開經濟活動，是這個年紀必須要解鎖的成就。因為到目前為止未曾有過經驗，你可能感覺到陌生、焦慮、緊張，所以理所當然會覺得不舒服。當然，每個人的不舒服程度都有所差異，就像有些人遇到陌生人很能融入；但也有人會認生而感到不適。面對成長課題時，個性的差異也會產生很大的影響。

認識新的人、去到新地方，都不是容易的事，要面對與至今為止生活方式截然不同的新生活，肯定要承受非常大的壓力，在這個過程中感到辛苦或焦慮都是理所當然的。當然長時間辛苦地處在理所當然的不舒服之中，對自己而言並不是件好事。不過辛苦的人不會只有自己，每個人都可能經歷這段辛苦，希望你也能把這份辛苦視為是理所當然的過程。

賺錢是工作的第二目的，第一目的是自我實現。當然，從打工的過程中也可以自我實現，但總有一定的侷限。為了找出自己喜歡什麼、能做什麼，試著去碰撞吧！透過這個過程，你將找到一份真正可以當作職業的工作。

即便辛苦、不舒服、緊張、焦慮、害怕，也請不要忘記這是人生必經的課題。如果不去碰撞，絕對不會知道自己擅長什麼、喜歡什麼、適合什麼。

梁在雄 如果有意識到自己正在逃避，這肯定是良好的訊息。但如果光意識到自己正在逃避，行為卻沒有改變的話，就會使自己的內心產生不滿，最後導致自尊感下降。

人生不是現在說想結束就能夠輕易結束的東西。就算你覺得自己不怎麼樣，還是得繼續走下去——這就是人生。當你意識到年輕有所侷限，從現在開始把人生放遠來看吧，然後每一天都為明天做好準備。若想改變這個不滿意的自己，現在就得努力，否則等時間流逝，能做的將只剩下後悔了。

梁在鎮

這裡的意思不是要你「為了明天而犧牲今天」，而是同樣要為了今天的幸福，努力用心地生活，**幸福這項報酬是賞賜給今天也認真生活的人的**。若每天重複同樣的日常生活，浪費著時間，想從中找尋幸福只是一種貪婪。就像愛因斯坦說的：「神經病就是，每天重複一樣的生活，卻期待有不一樣的明天。」但只要透過每天一點點的變化，就可以在「今天」的這個瞬間找到幸福，並迎接比今天更好的「明天」。

如果想要從孩子成為大人，就要先滿足「**想做但忍耐**」、「**不想做但忍耐**」這兩個先決條件，許多人都無法做到上述這兩點。即使現在有想做的事，也要為了必須做的事先忍耐；即使真的很討厭某件事，也要為了必須做的事而忍耐——努力做到了這兩點，才能夠成為真正的大人。

梁在雄

有一些人可能從十幾歲開始就明確知道自己想做什麼，但也有很多人是過了二十幾歲，都還不知道自己真正想做什麼。就算我們都一樣活到一百歲，每個人的時間和時機也都不一樣。但可以確定的是，如果不去挑戰任何事情，一定無法知道自己真正想要什麼。為了找出自己擅長什麼、對什麼事有熱情，我們必須要持續挑戰新事物和想逃避的事物。

碰到任何提案或提議的時候，如果你只以恐懼、厭惡、害怕的心情面對，就會變得舉步維艱。果敢地說出「YES」，練習放開自己是很重要的。希望你能夠多接觸各個領域，或是在一個領域裡深耕。花一點時間，透過這些經驗找出你真正想要的是什麼。

梁在鎮　我們買衣服或鞋子的時候，至少也會去逛過幾間賣場、試穿後再買。決定人生最重要的核心職業時，如果都不去碰撞，又怎麼能真正瞭解自己？別把重點放在自己能不能做好，而是抱持著自我瞭解的心態去碰撞，這才會讓你找到自己真正喜歡、擅長而且可以從事的工作。

梁在雄　所謂「成功的階梯」，在我們父母的時代是以財力來決定的。如今出現了以年輕世代為中心的 YOLO 族*，也可說是我們苦澀社會的自畫像。

* 編註：You only live once 的縮寫，盛行於南韓，一種主張「享受孤獨」與「及時行樂」的生活方式。

因為光是專注於當下，已經無法帶來足以自我成長的期許，所以更不可能從中獲得幸福。

為了自己完整的幸福，我們需要一個**可以作夢的明天**。將自身想消費的時間與精力妥善分配給現在與未來，才是長保幸福的方法。現階段做著討厭但必須做的事；同時尋找想做的事；在想做的事中找到現在可以做的事——掌握好這三種平衡，就是前往幸福的道路。

這段時間裡，你不需要太擔心無法滿足父母的期待。父母確實會比任何人都更擔心自己的孩子，但是父母無法代替我們過生活，也不能為我們的人生負責。希望你**不要為了滿足他人的期待而生活，要活出屬於自己的人生**。

沉迷塔羅與星座，希望改變未來

當我患上輕微憂鬱症的時候，也開始對八字產生了興趣。
剛開始只是當作娛樂，看一看APP，
但現在連一點點小煩惱，我都會去命理館、算命咖啡廳跟塔羅屋。
每天早上我都會看每日運勢，如果運勢不好，
我整天就會心情不好、有氣無力。

梁在鎮

人們在不清楚未來，或對未來感到茫然的時候，會不知道現階段應該如何生活，如此心裡無處安放的時候，就容易迷上算命。算命的時候，即便得到運氣不好、沒有福氣等負面結果，緊接著也會有「這個低潮不會

持續太久，大部分的狀況馬上就會改善，大運會隨之而來」之類的正面回饋。於是即使現實根本沒有任何變化，人心裡也會得到力量與安慰，因此開始反覆不斷算命。在經歷困難的時候，算命是人們遺忘現實的一個逃避之所。

為了擺脫這項束縛，最好的解決方法就是**改變現實**。當經濟與社會地位上升，對自己產生了自信，自然而然就會擺脫這種迷信。所以，首先我們要瞭解自己為什麼會依賴算命，如今的自己處在什麼狀態？很可能主觀或客觀上，你的經濟或社會方面處於困境之中，而當心裡需要依靠的時候，就很容易陷入算命和占卜。

看八字或算命，得到的答案某個程度上都大同小異，只不過在如何解決上會有些許差異。事實上，問題的答案都早已放在自己心裡，我們很可能都是為了聽一些自我安慰的話語，才會去算命的。我們該做的是仔細觀察自身的狀態與心情，從自己身上獲得安慰，而非藉由外在。

梁在雄　算命市場的資金流動額超乎想像，有龐大的金錢是為了獲得安慰而被使用。然而算命和占卜難以真正改變自己，也無法作為根本的解決方法。有好命盤也許可以實際上帶來安慰，但光相信命盤卻什麼都不做，最後還是只會一事無成。未來不是由命盤決定，而是掌握在自己手上。

梁在鎮　看完今日運勢，如果運勢不好，一整天的心情都受影響，做什麼事情都感覺不太順……我想應該不少人都對此有共鳴。然而這種命運論，本身就是結果論，像是詛咒一般。因為抱持著「今天運氣不好」的心情展開新的一天，所以不管遇見誰、做什麼事，都抱持著負面態度，結果當然只會發生不好的事情。

看八字、看面相、看手相、解夢都一樣，不是因為八字、面相、手相如何，或作了哪個夢所以變成怎樣。那都只是在結果上進行解釋，然後再把自身命運套入其中，前後的因果關係可說本末倒置。

梁在雄 雖然人們時常稱之為命運，但精神健康醫學科稱之為「強迫性重複」（Repetition Compulsion），此指想要重複過去痛苦情況的一種強迫性衝動，簡單來說，就是會重複做出不好的選擇。當事人因不知道壓力所引發的事件是自身個性或行為所導致的，而把它歸咎於不幸或命運。

想要擺脫強迫性重複的方法只有一個——深入瞭解自己是什麼樣的人、有什麼樣的個性，然後驅使自己在類似的情況下，做出不一樣的選擇。所謂改變命運的方法，就只有這一個。

不透過諮商或心理檢測來從中瞭解自己，而光藉由外在的算命或占卜來自我分析，絕對無法改變、影響命運。付諸努力瞭解自我，找出自身需要改進或改正的地方，並在實際改變自己的同時給予自我反饋，就能讓現實獲得改善。

梁在鎮　希望你可以把至今為止透過算命或占卜聽到的故事，作為某種程度上大方向的藍圖，並且從現在開始創造自己的人生。透過對自己人生的主人意識，把主導權交給自己。

梁在雄　當你意識到生命的方向錯了的時候，應當問問自己而不是身邊的人。你要把人生方向的鑰匙交給自己，抱持主體性，繼續開拓下去。不要因為一時的安慰，放棄掉改變自我的機會。如果不知道該怎麼著手，希望你可以藉由和專家諮商，開始改變。

因為死亡焦慮，過度依賴保健食品

從國中開始，我就對死亡產生了恐懼。
當時奶奶去世了，大人們沒有依照奶奶的心願，
而是按照他們自己的決定為她上了妝。
不知道是不是這個原因，讓我好像又更害怕死亡了。
長大成人後我對健康很執著，光是服用的保健品就多達十幾種。

梁在雄　在不越線的情況下，攝取不足夠的營養素、照顧身體的健康，這都不是問題。重要的是，當我們觀察驅使該行為的心理狀態時，大部分都會導向對父母死亡的想像、害怕父母離開身邊的經驗。可以說，失去像父母

這樣關係親密的人，是一件足以成為創傷，非常具衝擊性的事情。

特別是小時候和祖父母一起生活的人，祖父母的離世會成為幼時第一次接觸到的死亡，因此很可能造成劇烈的衝擊。如果與祖父母的心理距離很靠近，程度還會更上一層。親近之人死亡，再加上死後的妝點與葬禮等一連串過程，都進一步加深著對死後世界的恐懼。

只要是活著的人，都會對死亡感到恐懼。由於我們終究無法瞭解死亡的過程與死後的世界，所以有一部分的人對死亡懷抱著嚴重的焦慮。像這個樣子對於死亡及死亡過程極度恐懼的，就稱為「死亡恐懼症」（Thanatophobia）。由於美國精神醫學會還未將此納入精神障礙之中，現在一般都會診斷為焦慮症。

梁在鎮

精神分析的創始人西格蒙德・佛洛伊德（Sigmund Freud）曾說，由於沒有人經歷過死亡，我們害怕的並不是死亡本身，而是兒時沒有消化的心理矛盾。恐懼，是為了保護我們自身而發展出來的基本情緒。恐懼有兩種——一種是**接受刺激與對刺激的解讀**；另一種是**對刺激的想像**。

也就是說，恐懼分為現實與非現實的。現實的恐懼是對眼前危險所產生的反應，非現實的恐懼則是由想像而來。對於死亡的恐懼，就是源自於想像的非現實恐懼，因為我們的大腦具有無法掌握資訊時，會藉由想像填滿空白的特性。

死亡對任何人而言，都是恐懼且難以接受的事情，但人終究會死，這是不會改變的真理，拒絕接受真理，折磨的只是自己。

如果還是難以接受死亡，逆向思考也是一種方法。與其把死亡當成未知的世界，不如去收集確切的資訊，透過建立價值觀，防止對負面想像產生的焦慮，盡可能不要在自己的心中培養對死亡的恐懼。

害怕死亡，也反向證明了當下有多珍貴。因此對死亡適當的恐懼，也會演變成關注自我健康與注重生活方式的適當行為。越是努力迴避和逃避死亡，就越容易感到空虛。在他人的死亡面前，與其擔心自己也死了該怎麼辦，不如思考接下來的人生應該怎麼走下去，才是更明智的方向。

梁在雄

人生因為死亡而有意義。沒有死亡的話，人生是無限的，那我們還有必要這麼努力地活著嗎？人們每天都在尋找意義，也是為了在死前留下努力生活過的痕跡。

正因時間有限，我們為了達到某個目標、留下點什麼，才得以在努力和成長的過程中感覺到幸福，也才得以感謝這種還活著的感覺。希望你可以把這一點記在腦海裡，與其害怕死亡，更應該把重點放在活著的幸福之上。

擔心的事太多，負面想法停不下來

我生性無法忍受獨處，
但最近因為各種因素，獨處的時間變多了。
於是我想法也跟著變多了。
一個想法接著另一個，讓我變得越來越憂鬱。

梁在鎮

生性想太多的人，大部分都會想像還未發生的事情，過度擔心。像這種負面想法一個接一個反芻，也是憂鬱症的症狀之一。他們會從某件事情發生的瞬間開始，想著各種可能引發的狀況，並為此感到擔憂。

很多情況下，雖然什麼事情都還沒發生，但豐富的想像力已經得出了結論。這種時候因為擔心的事情往往大過於現實應該承受的規模，所以心理方面也會更感疲勞。

因為擔心而事前做好準備，這肯定是正向的行為。但假如大腦中只是塞滿了為擔心而擔心的事，對自己而言並沒有任何益處。如果開始擔心起什麼事，與其想盡辦法消除擔憂；不如直接面對這份擔心，思考一下現在能做什麼準備，如果現階段沒有自己能做的事，就要努力果斷放下。

為了這個時候，我們需要練習**「斷念」**。掉進思想海洋的時候，在茫茫大海中什麼都看不見，也不知道自己在哪裡，彷彿還沒發生的事情已經發生了一樣，很難從中脫身。

此時即便辛苦，也要練習自我分離，努力以客觀的角度看待自己，區分出腦海中的無數煩惱裡，哪一些是實際已經發生在自己身上的事，哪一些是還沒發生但提前擔心的事。當想法從已經發生的事情開始向外擴散時，就要立刻果斷地「斷念」。

比起只在腦海裡思考，用文字整理出來會更好。請試著區分出擔心的事情中，「現在已經發生的事情」跟「還未發生的事情」，然後從已經發生的事情中，再劃分出自己「可以改變」和「無法改變」的事。做完上述這些作業後，對付憂慮過多的最佳方法，就是把精力與時間放在**已經發生**且自己**可以改變**的事情上；對除此之外的部分放下與臣服，靜待情況產生變化。

「擔心」是大腦中掌管情緒與記憶的巴貝茲迴路受到刺激的結果，此時想法會一個接著一個，像雪球般越滾越大。我們可以透過刺激掌管理性、邏輯、執行的額葉（Frontal Lobe）來阻斷擔憂。就像我們前面提過的一樣，當計畫並執行運動、整理環境、寫筆記、清潔等簡單的事物，讓我們有微小的成就感，並獲得回饋時，自然會對前額葉產生刺激，藉此就可以阻斷巴貝茲迴路的過度活躍——希望大家都可以牢記這點。

覺得會跟媽媽一樣不幸，因此害怕結婚

為家人犧牲奉獻的媽媽，受到爸爸經濟與精神上的壓制，最後媽媽患上了恐慌症。雖然我跟交往很久的男朋友連一次假都沒吵過，但我害怕婚後他會變得跟爸爸一樣，而我也會過上像媽媽那樣的生活。即使我獲得幸福，也會對媽媽懷有罪惡感。

梁在鎮

有很多人都會擔心，父母的婚姻生活是否會成為自己婚姻未來的寫照。與自己同性別的父母，是我們第一個接觸到的範例，女兒自然會覺得自己像媽媽；兒子會感覺像爸爸。但是，我們跟爸爸或媽媽是不一樣的人，而我們和自己愛人所成立的家庭，當然也會有所不同，這是絕對不會改變的事實。

父親壓制母親，母親因此患上恐慌症之類的心理疾患，這種情況很可能是因為父親的個性具有強迫性，他不太信任周遭的人，所有事情都想要自己掌控，希望配偶、子女都遵從自己的意思，而且在婚前也很可能就已經是這種個性了。

有些人會說，對方結婚前不是這樣，但婚後卻變了一個人，不過其實人並沒有那麼容易改變。戀愛期間，人常常都只看自己想看的一面，然後按照自己所看到的那一面來評價對方；當婚後看到當初沒看到的那面時，就會認為對方變了。但很有可能當事人原本就是那樣的人，真要說起改變了的地方，應該是自己看待對方的視角和觀點吧！

身為女兒害怕跟母親一樣，過上不幸福的婚姻生活，是因為女兒在精神方面還沒完全從母親身上獨立出來，把母親跟自己視為了一體。會認為自己幸福會對母親抱有罪惡感，也是同樣的道理，特別是在犧牲奉獻的母親教育下長大的孩子，經常會出現這種想法。然而，這種罪惡感完全是不必要的。與父親結婚，生下子女共組家庭，這都是母親自己的選擇，完全不是兒女能夠介入的事情。

梁在雄　不過在這種情況下，由於母親能夠依靠的人只有女兒，孩子不斷聽著媽媽的故事，分享著媽媽的痛苦，所以比起思考自己是什麼樣的人，更容易思考「自己是母親的話會怎麼做？」並企圖從這個立場尋找答案，因此使女兒與母親更難分離。

梁在鎮　為了做到精神上的獨立，需要客觀地區分母親與自己。看著母親長大的子女，雖然會害怕自己重蹈不幸的婚姻生活，但這一切都只是自己的擔憂，並不是現實。會過上什麼樣的婚姻生活，是由自己決定的。

梁在雄　同時，也要重新思考父親是否真的是壞人。對母親來說，父親可能是握有經濟主控權並具有強迫性人格的人。但是把母親所有痛苦的原因都轉嫁給父親，也可能是一種過度解讀，因為精神疾患通常不會只由單一因素所造成。

我們需要換個角度思考，父親對自己而言是什麼樣的父親？丈夫和父親扮演的角色並不同，不要以母親的視角來評價父親，而要努力從某個人的兒子或父親、一個社會的成員等各種角度，客觀地瞭解父親是個什麼樣的人。這麼做除了能夠培養不從單一層面判斷一個人的能力，同時也能幫助自己和母親進行精神分離。

梁在鎮　現在年約六十歲左右的父親一輩，青壯年時期在韓國現實生活中，很難取得工作與生活的平衡，在那個時代的特性影響下，大部分子女跟母親一起度過的時間都大過於父親。也因此子女在看待父親時，比起客觀視角，更多的情況都是用從母親身上聽到的故事，戴著有色眼鏡看待父親。

所以說，跟六、七十歲父母一起生活的三、四十歲青年們，很可能是原封不動地投射了母親從父親身上感受到的負面情緒，並也以負面角度看待父親。

我們都需要自我省思一下，跟母親長時間共享情緒的自己，是不是只用了母親的立場去看待父親？是否也從來沒有用客觀的角度去評價過母親？

梁在雄

若用一位女人、一個人的角度來看待母親，而不是用犧牲奉獻的母親、被父親壓迫的母親這些角度。當我們擁有自己客觀評判的標準時，就可以將這個標準套用在戀人身上了。對「跟戀人從來沒有吵過架」這個情況，要抱持懷疑的態度，思考這段關係是不是只停留在表面？是否是在沒有深度瞭解的情況下走下去的？如果彼此隱藏內心想法、小心翼翼地交往，就很可能陷入把對方當好人、過度理想化的狀況之中。

梁在鎮

可以跟某個人長時間戀愛，是因為發現了對方很多的優點。但是人的個性從某個角度上看來是優點，從另一個角度來看時也可能是缺點。換句話說，當發現優點的時候，也代表他會有與之相應的缺點存在。如果害怕自己的戀人會像有壓迫性的父親一樣，就應該要把他個性的優缺點區分開來重新思考一次。

例如，你喜歡對方會細心做好負責的事情、可以引導自己優柔寡斷的一面、很有主見或很會下決策，那麼他的缺點非常可能就跟你的父親雷同。

所以說，一定要以客觀的角度好好審視對方個性的優缺點，然後回過頭看看是不是只看到了自己想看的那面，或者明明有看到某些問題，卻只以「小失誤」帶過，將其合理化，為對方找藉口。

梁在雄　要想與某個人密切分享生活，就得學會客觀看待對方。不是用二分法，好像一切看起來很好就好，而是要深入瞭解其優缺點，這樣才能對一個人擁有廣泛的理解。

如此一來，不僅可以擺脫期待與失望，自己變得更堅強，還可以預測婚後可能會出現的問題。如果在情緒沒有獨立的狀態下，失衡地側重在某一方，不管跟誰結婚都很難獲得幸福。

一定要避免的婚姻類型有兩種——

❶為了逃離父母身邊的逃避型婚姻：婚姻應該在可以用客觀角度看待對方，並可以做出一定程度的價值判斷後再進行。唯有先瞭解自己個性的優缺點並知道誰適合自己，才可以做出決定。

假如婚後會感覺到把媽媽一個人留在家裡這樣的罪惡感，意味著自己現在居住的家是不幸的空間，如此的你很可能就會依賴著某個人，為了逃避現實而選擇結婚，並對婚後生活抱持過高的期待。

這時候的選擇，將無法擺脫父母的影響，達到自我獨立的作用，反而只是受到父母影響所產生的結果。

這種情況下，所挑選的對象很可能是自己想依靠的那種自律、獨立的人；但是也更可能是比父親更具壓迫性的人。於是，也就很容易重現父母的婚姻生活。反之，就算選擇了個性不同於父親的人，也很可能是個不負責任、工作拖延等跟自己不適合的人。

❷**按照父母的期望結婚：**若不具備以客觀角度看人的能力，只為了滿足父母而結婚，即便遇到再小的危機也很容易動搖。婚姻結果不盡人意的人很可能會因而再度怪罪父母，這種情況也是因為情緒上沒有獨立而發生的。

梁在鎮　結婚並不是為了長時間跟某人共度，一起白頭偕老，逃避目前人生的狀況。首先要檢視自己是否經濟與情緒上已經獨立？有沒有做好心理準備為對方負責？是否已經是個成熟的大人？一切都確認後，你才可能做出明智的選擇。為了成為一位真正的大人，為自己做的選擇負責，選擇前必須慎重思考。

第四章

關注

想得到所有人的喜愛，是一種本能

比起扮演他人期望的角色，
試著練習先考慮自己的心情吧！
不管別人怎麼想，
要慢慢「練習不去思考」。

自己的人生最重要的事，
不應該是他人的評價，而是找到「自我」吧？
這樣才真的能擁有自我期望中，
屬於自己的存在感。

對外貌焦慮，擔心沒有魅力

大考近在眼前，
我卻在擔心入學後自己會被系上的男學生比較相貌，
害怕他們在背後做外貌排行的時候自己不是第一名。
我想要擺脫這種想法，
但是無意識中又很執著。

梁在雄

每個人都希望受到他人的喜愛，也想要擁有值得被愛的條件，甚至有些人把這件事當成自己的人生目標。打扮也算是其中的一環。特別是當今社會，外在很大程度地左右了人對一個人的好感度。隨著年紀增長，在人脈或財產等方面拚命努力的人之中，也有很多人會認為，只有具備權力或物質條件，自己才會獲得他人的喜愛。

但不管自身具備再好的條件，如果不認同自己、不愛自己，終究還是會懷疑他人的愛是否真心，懷疑對方是不是只因為外貌或經濟條件而喜歡自己，可想而知也就會過著遠離幸福的人生。

梁在鎮

如果把自我評價的標準放在外在因素，自尊必定會下降。特別是長得漂亮或帥氣這類的評價，大部分情況下標準都來自他人。雖然自己也可以稱讚自己的外貌，但獲得其他人的評價時，往往才會認為自己是客觀獲得了認可。所以說，把外貌視為一切的人，更容易會感到恐懼與焦慮，因為這意味著當某人對自己的外貌做出評價時，自身唯一的優點很可能會被否定。

如前所述，精神健康醫學科中，當職業功能與社會功能受損時，就會被診斷為疾病。診斷出的人格障礙，大至上可以分為A～C三種類別，其中又再分為幾種類。其中隸屬於B類別的自戀型人格疾患（Narcissistic Personality Disorder）、反社會人格疾患（Antisocial Personality Disorder）、做作型人格疾患（Histrionic Personality Disorder），被視為是最有問題的類型，更經常被作為電影或戲劇的素材。

特別是具有做作型人格疾患或做作型人格傾向的人，也就是所謂「求關注」的人——我們在電視、媒體上接觸到的人，可以說大部分都具有做作型人格傾向，不過其與疾患的區別是，這種傾向是否使當事人感到疲累。

從這個意義上來說，如果自己很執著於外貌所表現出的東西，就應該思考一下是不是自己明知道錯誤，但卻無法停下來。此外，也必須要嚴格應對自己不想要的評價——在背後討論外貌排行等這類接近性騷擾的行為，在法律方面也是會構成問題的，完全不需要害怕自己在這種錯誤行為中，獲得不夠好的評價，也絕不應該為此擔心。

梁在雄

如果擔心自己的外貌會被拿來比較，就反應出你自己也正在拿別人的外貌做比較。正因為外表對你而言具有很重要的價值，所以才認為對其他人而言，外貌也是最重要的價值所在。然而就算是對自己而言很重要、很有價值，在現實社會中也未必具有相同的意義和重量。評價一個人真的有很多種標準，如果你至今仍糾結在外貌上，希望你能夠試著想想那些你錯過和需改進的東西。

還有，要遠離會評價自己外貌的人。不只外貌，那些會否定你個性、行為的人也是，把他們留在身邊，跟隨意放任自己沒有兩樣。希望你要記得，**任何人都沒有權利隨意評價你**。

試著在外表以外的地方，找到自己其他的優點，然後持續發展這項優點，去認同自己吧！對其他人也是一樣，別只依據外在條件評斷，而要去培養從一個人的本質裡，發現對方魅力所在的能力。如此一來，即便自己對於外貌的自信心下降；或因上了年紀，外表魅力自然而然有所下滑，你也能夠透過這段時間以來自己所培養的想法與價值觀、待人處事和工作能力等其他優點，從中獲得安全感。

希望你能夠為了真正愛自己，開始做出改變。

內向的我也想受歡迎

雖然我個性內向，不善於表達內心想法，
但是內心裡卻希望能以自己獨特的個性，獲得許多人的關注，
也就是有現代人所謂，「很想紅」的欲望。
「紅」跟「火」有一樣的強烈形象，
但我好像穿的衣服幾乎沒有色彩，形象如透明一般。

梁在鎮

人的個性不會根據外表被分為外向和內向。一般來說，我們認為活潑開朗且擅於領導的人屬於外向；容易害羞和怕生的人屬於內向。區分內外向的標準在於那個人「如何向外傳達自己的想法或情緒」，能夠毫無保

留地表現出來就是外向；不善於表現的就是內向。

外向的人會比較關注外在發生的情況，並對各種刺激做出積極的反應，在與人相處的同時可以獲得活力。反之，內向的人更懂得觀察自己的內在，因為擁有有良好的專注力和耐心，能夠深思熟慮，細心處理工作。外向和內向並沒有什麼更好或比較不好，只不過是具有不同的特質而已。

之所以解釋這些，其實只是為了告訴你，每個人想做的事、擅長的事、可以做的事都不一樣。由於人們常會被與自己個性相反的人所吸引，所以內向的人也會有想「火紅」的欲望。

這種情況下，要先承認自己的個性與普遍定義的「紅」有點距離，最好可以擺脫既有概念下「紅」的形象，找到適合自己的「紅」法。雖說「紅」是一種鮮明的顏色，但根據不同的明度和彩度，也會呈現出各式各樣的樣貌。你要找到適合自己個性的顏色，透過這種方式，努力拓展和改變自己的個性。光是現在穿著紅色衣服，是絕對無法「紅」起來的。

梁在雄

想要改變自己，代表對現在的自己感到不滿意。遇到這種情況，應該自行思考一下，確認自己平時是不是總是順應周遭的期待？如果一直扮演他人期望的角色，就會越難以展現自己獨特的色彩。請試著仔細思考自己對自身的哪個部分感到不滿意，又應該要如何精進才好。

希望你可以思考看看——自己想成為的是否只是他人都覺得很好的樣子？自己實際想成為什麼樣子的人？你擁有什麼優點？又應該要如何發揮這些優點？

然後從現在開始，把別人怎麼看自己先放在一邊，練習優先考慮自己的心情——也就是慢慢練習「不去思考別人怎麼看自己」。**迎合他人雖然也很重要，但是最重要的是「找回自己」**不是嗎？這麼做，才能夠真正擁有自己所期望的那種自我存在感。

過度表現只為博人眼球，這是種病嗎？

我總是想獲得他人的關注與稱讚，
得到讚美就會很興奮。
反之，如果沒有受到關注，
就會擔心對方是不是討厭自己，
甚至做出誇張行為。
周遭的人說我是關注病患者，我雖然因此很傷心，
但同時也很討厭這樣的自己。

梁在鎮 如果情緒表現誇張、非常執著於周遭的眼光，去到哪裡都想集所有關注

於一身，可視為有做作型人格傾向。如果進一步有經濟功能和社會功能受損，或者引發人際關係問題，就會診斷為「做作型人格疾患」。就像我們先前提到的，電視上出現的人大部分都有做作型人格傾向。

具有做作型人格傾向的人，會出現以下特徵——

❶ **焦點的中心一定要有自己：**假如去到某個場合沒有受關注，當下就會感到非常難受，嚴重者甚至會突然生病。這是源起於「寧可生病也要受關注」的想法，在無意識下生病了。這樣的人也會為了受到關注，做出突如其來的行為。

❷ **情緒起伏非常大：**有人關注自己，心情就會非常好，但若這份關注轉到了別人身上，心情便會急速下降，這些細微的刺激都會使其情緒產生激烈的波動。

❸ **在性方面非常具有誘惑性：**在言語、表情、行為上會無意識表現出可能令對方誤會的性誘惑姿態。對話時非常戲劇化，句子裡會放入

很多形容詞或副詞。常說出很多美辭麗句而本人卻毫不自覺，也是特徵之一。

梁在雄　當做作型人格傾向的人獲得關注，很多情況下身邊的人也會感到幸福，可以聽著華麗的故事，一起享受。問題就出在他們無法獲得關注的時候，會做出讓很多人感到不適的行為。在和樂融融的聚會上，氣氛突然變差，常常都是因為做作型人格傾向的人無法獲得關注所造成。

每個人都想獲得他人的關注，這是人的本能，所以就算有人說自己是「愛求關注」的人，也不必為此感到傷心。每個人都有這種傾向，我們應該要順其自然，首先確認自己在這方面的傾向是否比他人更強烈？並承認它。審視一下自己吧，這很有可能根本不是問題。

重點只在於——**是誰掌握了你的人生主導權？**如果情緒被他人的關注左右，等同於把自己的情緒遙控器交到別人手上。我們應該要可以自己決定心情，人生的主體也應該要是自己。換句話說，即使你具有這種傾向，你的情緒也應該要由自己選擇。記得時時刻刻提醒自己：「人生的主人應該是我。」

馬斯洛的需求層次論中顯示，從他人身上得到的需求相對容易被滿足，尊重需求便是其中之一。但我們最終要抵達的目的地是自我實現，如果把人生的決定權交到別人手上，絕對無法自我實現。

梁在鎮

如果想知道自己喜歡、擅長、想做的事情是什麼，就要學會在獨處的時間裡堅持下去。雖然一開始可能會覺得困難，但撐過去之後，就可以擺脫周遭的關注，產生保護自我主體性的力量。

我的社群發文，被說有文青病

我主修藝術，同時也會將作品或作品集，
結合感性的想法或靈感來源一起上傳社群。
我喜歡大方分享，但有些人跟我不同，
他們說我的行為令人感到肉麻，
指責我在玩藝術家Cosplay，說我得了文青病。

梁在鎮

最近人們很常使用藝術家病、文青病、弘大病*等帶貶意的字彙來形容拒絕主流文化，喜歡追求非主流文化的人。主修藝術的人，把自身靈感或想法上傳到社群，是再自然不過的行為了。不過，也應該要自我思考一下，上傳靈感或想法的目的，是在替自己增添色彩？還是只為了寫給別人看？

梁在雄

每個人都有屬於自己本來的顏色，雖然有稜有角，但我們都是帶著自己特有的個性出生的。然而隨著青春期的來臨、年紀增長，開始受到大眾的影響，我們原有的色彩逐漸褪色了，就像是枝枒被剪斷一般，個性也被削減了。如此導致很多人都失去了自己的個性，變成社會中的其中一個個體。

在迎合他人的過程中，被剪斷的枝枒，很可能就是那無比珍貴、屬於自我的東西。

當今社會裡的很多人，對真摯的東西會表現出反感的樣子，就連蘊

＊編註：南韓流行詞彙，用來嘲諷不懂其真正意涵，便盲目跟隨流行之人。

含著真心的文章或圖片，在上傳社群的那一瞬間，目的跟意義也都會受到懷疑。這種時候，若對方並非長時間關注自己，而只是瞥過一眼就輕易發言的人，那他們的意見並不那麼重要。他們只不過是短暫地覺得如此回覆你很有趣，一下子又會轉向他處的過路客罷了。希望你不要因為他們，就用其他顏色蓋過屬於自己原有的色彩，或削去自己的稜角。

梁在鎮

這世界不全是獨居的地方，因此成長的過程中，還是需要一定程度地雕塑稜角的形狀。這可以用個人主義（Individualism）與利己主義（Egoism）的差別進行說明，兩者的區別就在於「有無對他人造成傷害」。如果你的個性不會對他人造成傷害，那就完全沒有問題；但假使展露自己的個性時，會對他人造成傷害，就是絕對不被容忍的。

雖然過度削除稜角，把自己變得毫無特色並不正確，但我們還是需要一定程度融入社會的框架。考慮自我意識與想法的同時，也要一定程度考慮他人看待自己的客觀視角，從中找到平衡。換言之，我們希望你猶豫的不是要否表現自己，而是以社會化為基礎，在培養現實感知能力的同時，展顯自己的個性。

獨處，就會變得很憂鬱

八年來我一直從事著需要跟很多人打交道的工作，
一直以來都耗費大量精力在對外的世界。
因為對如此生活的懷疑，我縱使有自己的時間，卻也經常變得憂鬱。
就算想聽聽歌、看看電影，享受這段時間，
但只要陷入歌詞或故事情節，我就會開始哭泣，心情變得憂鬱。

梁在雄

明明心理上已經對與人交流感到疲憊不堪，為了幫自己充電而離開人群，但在屬於自己的獨處時間裡，卻開始胡思亂想、變得憂鬱——我想不少人應該都對此有所共鳴吧！這個時候，可以觀察一下一個人也可以過得很好的人，都是怎麼度過這些時間的。假如你連這種努力都已經嘗試過了，最好的方法就是「再更仔細觀察自己內心的想法」。

梁在鎮

長時間以來持續從事著跟很多人打交道的工作，任誰都會陷入「矯飾主義」*。如果出現這種情緒，最好的方式是告訴自己：「每個人都可能會有同樣的情緒。」然後理所當然地接受它。

特別是在新冠肺炎中斷了職場上人際溝通，又對戶外活動造成限制的這個時代，更容易使人憂鬱感加深。平時即便幾個月來疲憊不堪，也可以藉由回到日常生活，重新再站起來，但是在生活條件本身出現轉變的情況下，很多人無法找到擺脫憂鬱感的契機。

* 編註：Mannerism，十六世紀晚期歐洲的一種藝術風格。其詞原指「手法」，後引申為形容「有意為之」的作風。

不可忽視的——只是靜靜聽歌、觀賞電影，在沒有任何原因的情況下就開始掉淚，可能是心裡發出的信號。如果你持續懷疑自己過得不夠好，沒有熱情且充斥著負面想法，除了心理，連身體上都提不起勁，長時間垂頭喪志……接受憂鬱症檢測會有所幫助。若有需要，諮商也是很好的方法。**絕對不可以忽視內心所發出的求救信號**。

梁在雄

我們經常說「人沒有那麼容易改變」；但諷刺的是，我們也經常說「那個人變了」。這代表天生的氣質與成長環境會決定很大一部分的個性，隨著時間推移都可能出現改變。過去沒什麼的矛盾，也很可能成為我們現在感到矛盾與疲憊的原因。

長時間從事需要和很多人打交道的工作，但又不會對此感到厭倦的人，很可能是面對他人時可從對方身上獲得能量的關係指向型。若突然之間，他人的要求或評價無法再為他帶來動力，反而開始成為負擔和壓力，那麼就算他把精力花費在獨處時間上，也可能因為從來沒有用過這種充電方式，而難以產生什麼效果。

簡單來說，憂鬱症是一種「過去經常使用，而且可以用來保護自己的防衛機制（Defense Mechanism），突然之間無法使用了」的情況。換句話說，就是需要建立新的防衛機制。但因為從來沒嘗試過，嚴格說來連方法都不知道，也不了解防衛機制之功效或壓力應對方式，不可能立即就看見成效。

諮商就是在這個過程中給予幫助的。原本對我們來說不構成問題的事情，突然之間成為問題，需要新的應對方式時，就必須先認識自己是什麼樣的人，瞭解自己一直以來使用的防衛機制是什麼，然後理解這些武器已不再足以解決人生問題，因此必須踏入跟專家一起尋找和開發新武器的過程。

梁在鎮

獨處也需要練習。我們總有一天要從父母身邊獨立，也會面臨要送走父母的時候；結婚後不可能永遠跟另一半待在一起；職場上遇見的人也是反覆地來來去去……也許獨處從某個層面來說，就是人生的另一種寫照吧！

如果不習慣一個人獨處，希望你能夠自發地開始練習一個人生活。只要過程中找到適合自己的方法，相信你就能夠克服獨處的問題。要陷入矯飾主義憂鬱度日，還是要鼓起勇氣踏出一步尋找自己理想的樣子，端看你自己的決定。

PART 2

找不到自己與他人之間的心理平衡

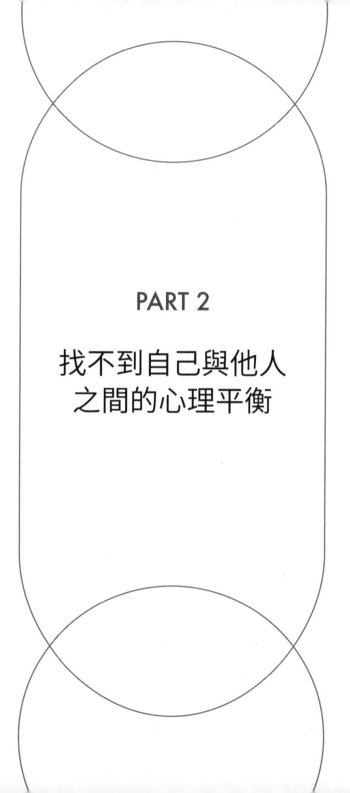

第五章

家庭

越靠近就越要客觀以待

有些家庭表面上看起來很和睦，
深入探究後才知道當中有人不斷地犧牲，
用一個人的犧牲換來的和睦，
不是真正的和睦。

沒有必要因為是家人，
就一定要經常見面。
在擁有力量承擔來自家庭的壓力之前，
保持距離也很好。

與爸爸之間好矛盾，我們能變親近嗎？

在保守的爸爸眼裡不怎麼樣的小事，對我而言卻是種傷害。用儒家思想武裝自己的父親和身為新女性的大女兒之間，有和睦相處的方法嗎？彼此之間需要什麼樣的理解和關心？有辦法能夠縮短平行線般的距離嗎？

梁在鎮　擁有完全不同取向與價值觀的兩個人，確實很難毫無摩擦地好好相處，就連家人也不例外。如果與過度堅守舊時代思維的父親之間有矛盾，最好的解決契機當然是「父親發生改變」，但是這種可能性微乎其微。這種時候，就要先認知父親是什麼個性的人，盡可能不要太常見面，也許是最好的方法。

這方法也許聽起來有些冷血，但其實家人之間不一定就要經常見面。在擁有力量承受來自家庭成員的壓力之前，保持距離也很好。此外，也希望你能記得，**太長時間跟家人一起相處，反而可能使關係惡化**。你可以試著經常見面，但把時間縮短成一、兩個小時，不過這麼做相對地，也必須承擔因此而生的罪惡感。

梁在雄

如果有人可以傷害到自己，表示那個人的言語和行為會對自己造成劇烈影響，這代表我們並沒有從對方的言行中獨立，也可以說是沒有保持適當的情緒距離。如果「身為個體的自己」變得更加堅定，就可以用看待個體的視角來看待父親，如此一來，就得以擺脫掉一定要跟父親好好相處的壓力，放下那份罪惡感與義務感。

如果你正在接受父親的經濟援助，「從父親身邊獨立」是一種讓自己變得更堅強的方法。接受援助，就代表父親在自己的人生中持有相當高額的股份，彷彿住在父親家，父親就有權利對你「指手畫腳」那樣。雖然這句話很無情，但父母與子女之間也沒有白吃的午餐。

諷刺的是，你必須要先接受「天下沒有白吃的午餐」這件事，才可能不再受到父親的傷害。所以要先讓自己堅強獨立，然後再培養客觀看待父親的能力。

梁在鎮

從「要與父親和睦相處」的壓力中抽身吧！等到你準備好接受最真實的父親時，那位討厭的父親看起來就只不過是一位年邁又無力的可憐男性而已。

不想跟姊姊一樣任性，所以忍氣吞聲過日子

父母已經漸漸放下經常跟家裡吵架、個性任性的姊姊。
但每當我跟父母發生爭執，
他們就會質問我是不是越來越像姊姊？會不會變得跟姊姊一樣？
為了家庭的和睦我一直忍氣吞聲，
但我的內心好像越來越扭曲了。

梁在鎮

如果家裡面有一個足以被稱為「全民公敵」的人，從小看著他長大的過程中，腦海裡一定會想著：「日後絕對不可以成為那樣的人。」甚至當家庭成員中，有人指責自己跟他越來越像時，內心的感受會超越警惕，

而達到恐懼的程度。對一個不想跟某人越來越像，每天謹言慎行過日子的人而言，肯定會對這樣的負面回饋感到難以承受。

梁在雄

這樣的人除了在家裡無法正常表達情緒以外，在外頭也很可能會為了維持社會關係而壓抑自己。不斷地壓抑再壓抑，漸漸變得討厭和憎惡人群，最後甚至會想要躲開所有人，離群索居。

梁在鎮

每個人都是透過與父母的關係，學習建立人際關係的。若從小就開始跟家庭成員相互比較、壓抑自我情緒，大多數情況下，日後在學校或社會的人際關係中，也較無法良好表達自我的感受。

怒氣，是一種必要時需要被傳遞給對方的情緒。用「言語表達生氣」與「發火」明顯是不一樣的。如果你一直以來都隱藏著自己的怒氣，那麼就應該要從現在開始練習不以情緒化，而是理性的方式傳達

「憤怒」的情緒。

討厭的人和自己之間相似的程度，很可能佔比並不高。即便真的擁有相似的要素，那也只不過是我們自身擁有的各種面貌中的其中之一，這種時候，最好可以果斷承認這是自己需要改進的面向之一。

梁在雄

被認為有問題的家庭成員，實際上很可能是任性的人，但無論如何都一定要知道這個想法的產生是基於家人的立場，自己很可能在不知不覺間內化了家庭的價值觀，所以也把對方視為壞的或負面的存在。不過若以「個體」的觀點出發來看，當事人很可能只是比任何人都更重視自己，願意為了自身幸福去迴避家人的期望，選擇承擔這份衝突。

我們應該把自己從家人之中獨立出來、分開看待，想想自己這段時間以來是不是都把重點放在家人的期待上，盲目地看待自己？是不是順從了家人的要求，卻徹底忽略了自我的期望？如果在這個過程中內心感到不舒服，代表你開始對自己產生問題意識。光可以意識到自我的內在，這件事本身就是萬幸。

美國心理分析學者愛利克・艾瑞克森（Erik Homburger Erikson）主張青少年時期為了尋找自我認同感，必須要完成兩項課題——❶歸屬感的發展；❷對外部的探索。這兩者之間不可以偏向任何一方。

所以有必要回過頭檢視，這段時間自己專注於家庭歸屬感的同時，是不是把自我認同感跟家庭混為一談了。如果是這樣，我希望你把自己的能量轉移到外部，跟其他人一起探索這個世界，同時專注在瞭解自己真正想要的事物上。

然後，希望你可以用屬於自己的新觀點，重新檢視自己的家庭。每個人都會站在自身立場，並有各自不同的期望——希望你能夠專注於這個事實，並在「自己能為家人所做的事」以及「自己想做的事」之間找到平衡。

梁在鎮

犧牲一個人所換來的和睦，不是真正的和睦。作為一個成年人，我們需要與家人保持適當的距離，不要過度負擔，也不要為此自責，請稱讚自己一直以來所做的努力。

用煤氣燈效應控制我的媽媽，讓我想尋死

十多年來，在愛的名義之下，
我受到媽媽以煤氣燈效應（Gaslighting）控制。
每當她不順心，就會切斷經濟支援，直到我求她原諒為止。
現在我想努力擺脫控制，
但是我已經成長為一個高依賴性、低自尊感的人了，
腦海也不斷冒出極端的想法。

梁在雄

所謂的煤氣燈效應，是一種巧妙操縱他人心理狀態，讓對方自我懷疑、失去自信，最後喪失現實感與判斷力，以此強化自身支配能力的手法。

這個用語源於電影《煤氣燈下》（*Gaslight*），電影中的丈夫為了搶奪妻子從阿姨身上獲得的遺產，洗腦妻子認為自己是不正常的人。每當丈夫為了尋找阿姨的寶石，登上閣樓翻找的時候，他就會稍微調暗煤氣燈。由於身邊的人都不相信這件事，妻子也開始慢慢認為是自己瘋了。最後多虧調查案件的刑警，認同妻子所說的事實，妻子才重新找回對自己的信任。

當父母操縱子女的欲望非常強烈，而子女全盤接受了來自父母的操控，就可以說子女是遭受到煤氣燈效應的控制了。面對會限制自己與周遭聯繫最後導致自我孤立的人，就算對方是自己的父母，子女也無法與他們建立起健康的關係。

但這無關乎煤氣燈效應，父母就算沒有給予子女無條件的愛與支持，我們也不能對他們指指點點。有個會用溫暖話語給予無條件鼓勵和支持的父母，當然是最好的，但在為人父母之前，他們也都只是普通人，每個人的價值觀肯定都不一樣。

既然給予了經濟上的支援，就代表自己可以要求持有子女人生的控制權——在這個部分我們必須要有一定程度的承認。如果想要努力擺脫父母的煤氣燈效應控制，就一定需要在現實方面獨立。你應該要思考一下，父母期待的樣子和自己現實模樣之間的差異，最終是否進一步演變成了憤怒。

梁在鎮

如同前述，父母與子女之間的身體、精神、經濟獨立中，最重要的就是經濟獨立。唯有經濟獨立了之後，精神才可能獨立。

如果父母切斷經濟支援後，央求父母原諒的行為一再出現，代表可以操控的條件與情況已經很明確了。如果對方是操控欲望較強的人，當然會靈活運用這一點。

如果想持續從具有操控傾向的父母身上獲得經濟支援，那麼相同的情況就會一而再，再而三地發生。如果真的想擺脫父母，就要先經濟獨立，付諸努力把自己與父母分離開來，讓自己作為一個獨立的個體。就算身為子女，也沒有必要全部聽從父母的期望。

梁在雄

如果不想讓他人隨意斷定或干涉自己的人生，就必須在某種程度上放棄來自他們的愛與安逸。也必須要忍受與他們保持距離所帶來的焦慮感和罪惡感。

另一方面，還需要觀察自己有沒有把對自己的憤怒投射到父母身上。如果想要擺脫父母卻又無法離開父母身邊，也可以解釋為自己有想得到肯定的欲望。而且有可能不只父母，連自己都有操控他人的傾向，很可能是在這部分上產生了衝突。

梁在鎮

父母所創造的世界，並不是這個世界的全部，不要只在父母打造的世界裡，抱著那些痛苦又極端的想法。這個世界不是只有跟「父母一起生活」或「死亡」這兩種選項，也有很多健康地擺脫父母，找回自我人生的方法。從這個框架中走出來，放眼看看至今為止你所生活的另一個世界吧！

如果光憑一己之力不夠，請一定要接受專家幫忙。務必要從對方給自己的訊息中退一步，持續客觀地觀察雙方之間的關係。

媽媽離世後，遲遲無法從悲傷中抽離

母親跟癌症長期抗戰後離世了。
這個狀況並非無法預期，
但卻絲毫無法降低我對於母親不在的恐懼。
如今整個世界好像只剩下姊姊跟我。
雖然日常生活沒什麼問題，但只要一回到家，
我就會陷入對母親的罪惡感與對死亡的思考之中。

梁在雄

電影《復仇者聯盟：終局之戰》（*Avengers: Endgame*）中，有一幕美國隊長跟大家坐在一起討論消失的人，這是非常重要的哀悼儀式與哀悼相關

治療。

其實哀悼的反應和憂鬱症症狀非常相似，一般會持續二～六個月左右，如果症狀持續超過了這段時間，就是需要接受治療的情況。視情況，會建議前六個月也要接受相當於憂鬱症的治療。如果無法透過自己的力量克服這件事，最好尋求專家的幫助。

人們在面對失去的時候，會有否定、憤怒、談判、憂鬱、接受共五種反應。這些反應不會依序出現，而且可能再次逆行或反覆發生。此時最重要的是，與身邊認識已逝者的親友一起回憶和聊天。

梁在鎮

然而大部分的人，在面對家中親人離世時，都選擇避而不談，也就是處在各自的空間裡，獨自努力地戰勝死亡。不過這當中不但存在著光靠自己無法戰勝的部分，也很可能造成遺屬之間的誤會和衝突。若可以所有的人齊聚一堂，分享逝者生前的回憶，才更能漸漸接受這份死亡。

就如同小說《生存者的悲傷》（살아남은 자의 슬픔）所說的那樣，失去某位共同生活的人之後，大部分的人在悲傷的同時也會出現罪惡感。「如果我可以對他再好一點」、「如果我再多關心他的健康」、「如果我那個時候沒做錯事」……諸如此類的罪惡感會不斷席捲而來，這都是正常的哀悼反應，也是憂鬱症的症狀。

如果在這個時候孤立自我，會帶來更大的罪惡感。因此我們一定要透過和家人一起聊天，獲得情緒上的支持，知道這不是自己的錯，瞭解自己已經竭盡全力。假如沒辦法跟家人聊天，或者獨自一人被留下了，即便只是初次見面的關係，也要和專家談話，讓自己喘口氣，努力接受這份死亡。

梁在雄 失去子女的夫妻多半選擇離婚，也是因為心中無法放下逝者。失去了孩子，承受過他人難以想像的壓力後，因為害怕造成傷害，彼此猶豫無法開口。結果在這個還未復原的傷口上，又積累了更多誤會和憎恨，最後連面對彼此都變得痛苦不堪。

死亡不是一個人能夠阻止的事情，死亡是生命的一部分，任誰都無法逃避。失去重要的人一定會產生罪惡感，但不管再怎麼自責也無法挽回了。把心裡那份罪惡感視為理所應當的情緒，然後接受它吧！不要太深陷於其中。只要好好撐過這段時間，漸漸就會有更堅強的心智面對死亡了。

梁在鎮

國外的電影裡，甚至出現過用派對取代喪禮的畫面，因為度過了一段沒有後悔的人生，與其為他悲傷，死者更希望大家記得他曾經過得很好。即便沒有做到這種程度，其實在國外也還是有一起觀看逝者照片或影片，共同分享死者生前回憶的喪禮文化。反之，我們因為對死亡感到怨憤和惋惜，所以嚴肅謹慎地對待著這件事。過去韓國曾經有過為此歌唱的文化，不過現在已經消失了。

梁在雄

據說人類開始理解死亡的年紀是十歲。為了建立不只以負面角度看待死亡，更可以毅然而然接受的文化，應該要從小開始讓孩子認知死亡是件自然之事。透過改變喪禮文化以改變對死亡的認知，可說是我們這一代人的責任。

除了難過地紀念逝者以外，笑著回憶過往的幸福，也是讓留下來的人繼續生活下去的重要過程。因為逝去的人，一定不希望你為祂而過度傷感，相反地，祂比任何人都更希望你能重新笑著活下去。

「長女」二字，讓我這輩子都無法活出自我

我在祖父母的照顧下長大，
小我一歲的弟弟獨佔萬千寵愛，
所以我從小就非常渴望得到關愛。
一直以來姊姊與長女的稱號重壓在我肩上，
即便如此，只要看到或吃到好吃的東西，
我還是會想起媽媽，
對於自己獨自享受而感到罪惡。

梁在鎮　許多長女長子從小開始就會被父母賦予「照顧弟妹」的使命感，有時候

還需要承受「老大表現得好，其他兄弟姊妹才會效仿」的壓力。因為是長女長子，比起其他兄弟姊妹，多半從小就背負著偌大的責任。

在這種情況下，長男雖然要承受家裡的責任，但相對地也會獲得諸多補償。相較之下，被賦予義務的長女卻無法獲得相對的權利。雖然現在這種情況已經好多了，但基於重男輕女的思想，在大多數情況下，兒子仍被視為是家中的資本，在教育方面獲得更多支持；而女兒卻必須投身至生活的前線，這也是最近在韓國出現「K－長女」這個新興詞彙的背景因素。

有些家庭表面上看起來很正常和睦，但深入探究之後，會發現其中有一人一直不斷地在犧牲——這個角色大部分是母親或長女。問題出在有很多人直到忍無可忍爆發之前，都不知道自己是犧牲的代罪羔羊，連家人們也對這個角色感到理所當然。

若成長過程中，不是父母而是由祖父母撫養的話，就更容易在重男輕女的環境下長大。

明明自己努力想成為一位有用的人，卻無法獲得相對的正面回應，當然會令人感到空虛，以及相應的被剝奪感。

梁在雄　來精神健康醫學科就診的女性裡，長女的比例相對較高。這當中有人因被要求一定要成為有用的人，長時間無法休息，更由於無法拒絕請求，最後爆發，甚至患上恐慌症。

之所以如此，就是因為個人價值無法被認可，只好不斷在效用性上尋求認同。尤其女性感知情緒的能力較佳，總會根據父母期望的方向去生活，特別是會遵循被自己理想化且一視同仁的母親所做出的決定。在這個情況下，如果結果差強人意，會很難認為這個決定是由自己所做。

在如此處境中的你，若對母親產生罪惡感，就要先追溯這個想法是從何而出。問問自己，這究竟是出於長女對母親的負債意識，還是對母親純粹的愛？如果對某人感到不妥或罪惡，這個對象的形象很可能早已扭曲，所以需要努力保持客觀看待自己與母親。

大部分父母在老大照顧好兄弟姐妹的時候都會給予稱讚，孩子為了被稱讚，就開始更努力照顧弟妹。當這個情況反覆發生，孩子甚至會逐漸開始擔心父母，特別是長女還會去揣摩並思考母親的立場。

問題在於，此時母親感謝孩子的心意，反而會演變成依賴孩子的傾向。當孩子已經不像孩子，開始背負起這些重擔，一定要將「你還只是個孩子，不需要照顧父母」的訊息傳遞給他。

梁在鎮

如果沒有經歷這個過程，持續維持與母親之間情感上的熱愛，長大建立自己家庭之後，也還是會繼續犧牲並努力給予付出。但不論再怎麼沒有代價的犧牲，只要是人都會產生期待。如果這時候沒有給予適當的補償，會使背叛感和憎恨大幅增加。父母與子女之間也需要保持適當的距離，如果長女與母親的關係過度緊密，就有必要控制好彼此的關係。

如果妳認為自己是「K－長女」的話，希望妳可以好好思考，妳為了家人或母親所做的事情，究竟是為了他們還是為了滿足自己，或者是只因為不做就不安心？

家人之間也必須要保持社會距離，希望妳可以練習讓自己過得更加舒服。

虐待兒童，就算用鮮花也不行

什麼都不懂的孩子遭到無差別施暴、才剛出生沒幾個月的嬰兒死在大人的手中……兒童虐待在我們社會上成為了嚴重的問題。由於目前嚴格的兒童虐待規範，使得更多案件浮出檯面，但其實這個問題一直都在。甚至不久前，我們都還處在為了教育孩童，把體罰視為理所當然，對其放任不管的社會氛圍之中。

如今隨著雙薪家庭增加，被送到托兒所或幼稚園的孩童虐待事件，成為了嚴重的問題。父母親的不安，更使得大多數善良的教師因成見和偏見飽受折騰。

為了解決這項問題，托兒的機構應由國家主導控管與安排，同時也要嚴格選拔教師，並賦予他們可以獲得責任和報酬的資格證。對那些因社會危險或經濟困難還在考慮懷孕與生育問題的人而言，一味提供兒童津貼補助並不是解方。與此同時，整個社會也必須持續關注兒童虐待的問題。

在兒童虐待相關資料中，最令人衝擊的事實是——加害者 80%都是親生父母。電影《白小姐》（미쓰백）中描繪的親生父母兒童虐待事件，雖然很難以致信，但卻是現實中正在發生的事。受到親生父母虐待的孩子會被分離

送到安置中心，但因小時候暴露於暴力之下，會反覆創傷經歷各種心理問題。

雖然不是正式的醫學名稱，但我們通常稱之為**「複雜性創傷後壓力症候群」**（Complex Post-Traumatic Stress Disorder,C-PTSD），病症是大腦的杏仁核過度活躍，情緒起伏非常嚴重。這種狀況又被稱為「人格改變」，也就是說在微小刺激下，患者容易感到自己被忽略，瞬間產生憤怒、憂鬱、無力等劇烈的情緒變化。由於自我認同混亂，以及自我不健全的樣子，也會使人看起來像邊緣性人格疾患（Borderline Personality Disorder）。所謂的邊緣性人格疾患是因包含自我在內的人際關係不穩定，而出現情緒起伏激烈等長期且不正常模式的人格障礙。

受到虐待的孩童，會努力在當下把自我與自己分離。由於承認那個受到父母施暴的孩子就是自己時，整個世界會瞬間崩塌，因此他們會出現把自身跟受到虐待的自體分離的症狀，這也使他們出現「自己好像不是自己」的人格解體症狀。

成年後的他們，不僅會有失眠、消化障礙、心血管疾病、皮膚病等身體症狀，精神方面也會發生各種人格變化。由於內心在「試圖理解父母」與「想要報仇」之間呈現高度混亂，不斷有善與惡的掙扎，他們會產生自我分裂的感覺。

如此會造成兩個問題——首先是「認同攻擊者」，雖然憎恨對自己施暴的父母，但同時在行為上也不知不覺間越來越像他們。當他們判斷對方比自己弱時，就會透過相同的加害方式，確認自己並不懦弱。當他們不斷把自己擺在受害者位置時，這個行為就是跳脫失敗意識與自我厭惡的一種防衛機制。

另一個問題是在包含戀人關係的各種人際關係中，面對對自己親切的人，會感到不安全感，而容易產生排斥。

這些人由於幼兒時期與父母形成親密關係的過程中，面臨暴力帶來的生存威脅，誤以為暴力和責備是表達愛的方式。結果導致成人後，反而在對自己造成危害或隨意對待自己的人身上感受到安全感，更可能演變成「即便知道這樣對自己有害，也無法斷絕關係」的問題。我們經常可見的約會暴力、被施暴卻又無法分手的戀愛關係，就屬於這種情況。

兒童虐待的加害者，很可能有酒精或毒品等藥物中毒的情況——這些人大多數也曾受到父母的虐待，即便沒有直接對孩子施暴，父母之間也很可能彼此施暴。兒童虐待的加害者大多數都認為孩子不是個體，而是自己持有的物品，只要孩子沒有如自己所願，就會忍不住施加言語或身體上的暴力。

此外，如果主要養育者患有憂鬱症，因為無法控制情緒，很容易一時衝動就發洩怒氣和暴力，然後又因此感到自責，大多數都會陷入越來越憂鬱的惡性循環之中。其實在養育孩童的時期患上憂鬱症並對孩子施暴，是最痛苦的事情。雖然表面的情況是虐童事件，但其中卻隱含著憂鬱症的影響。

除了憂鬱症以外，還有很多情況是因為「加害者在情緒上感到無力」。這種情況下，因為自己沒有多少可以行使影響力的對象，所以才對無法還擊的孩童施展暴力。

這也是我們社會之所以要對產後憂鬱症提高警覺的原因。韓國所謂的「同伴自殺」，就是殺人後自殺，常常是孩子在與自我意志無關的情況下遭到殺害。不論平時再怎麼優秀與成熟的人，都可能犯下這種令人髮指的罪行，而且這些事情是真實發生的，可說是非常危險又可怕的疾病。

產後憂鬱症的發病率落在 10 ～ 15％左右。治療憂鬱症所使用的抗憂鬱藥物，要經過三到四週才會看見效果，且最少要服用六個月才可以降低復發的機率。

因此，建議的做法是到精神健康醫學科接受治療，只要迅速且持續接受治療，產後憂鬱症是可以完全治癒的疾病。但大多數人都因為偏見和排斥而拖延，導致病情進一步惡化。

另一方面，非意願情況下懷孕生子，經常會演變成虐童案件。懷孕和生產導致社會上和經濟上陷入了困難，會讓人把所有發生的難處都歸咎於孩童身上。

虐童事件的被害者長大成人後，也會繼承暴力，成為一樣的加害者嗎？有辦法在無力感中好好生活嗎？一九五四年夏威夷考艾島，對該年度出生的八百多位孩童進行了三十年的追蹤調查研究，這項大規模研究是為了瞭解周圍的條件或環境會對個人成長造成什麼樣的影響。八百多位孩童中，有二百位孩童是虐童案件的被害者，研究人員預測這些孩子成年後會扭曲，無法過上正常的人生。

但是研究結果顯示，這二百多位孩童中，有 30%的孩童比在平凡家庭長大的孩子，擁有更高的社會地位與更加成熟的個性。而這次的研究，使「心理彈性」（Psychological Flexibility）一詞初次問世，這是指一種人類在逆境和考驗中，產生將失敗作為踏板，想飛得更高的心靈力量。

擁有這般心理彈性的孩子都有兩個共同點——❶ 與父母保持情緒上的距離；❷ 獨立思考自我。他們會尋找新的典範、沿襲他們的生活方式，努力持續以理性的角度看待事物且規律運動。在如此一日日實踐計畫與目標的過程中，額葉受到了強化，因而可以抑制杏仁核過度活躍。

當孩子受到虐待，或者父母吵架時，孩子最先想到的往往是：「這是不是我的錯！」正如「兒童虐待，就算用鮮花也不行」這句話一樣，請不要因為一瞬間的情緒，犯下無法挽回的錯誤。

我們也要多多關注身邊的情況，觀察其他家庭的孩子。**阻止兒童虐待的關鍵在於周遭大人的關心**，只要和孩子親近，就不難發現那些身體、精神上的虐童痕跡。小小一份關心，便可以挽救一個孩子的生命，讓他得以正常地成長。

Note

第六章

朋友

聰明的選擇，絕交或關心

心裡很痛苦時，
一整天都很難擺脫負面的想法。
但越是這種時候，
就算再累，也要用客觀的角度看待事情。
用比目前所處狀況更高的視角，
近距離地觀察自己的內心吧！

不要把問題的原因歸咎在自己身上，
最重要的是瞭解自己的心理狀態。

青少年時的校園暴力，依然困擾著長大後的我

國中時我曾遭受兩年的校園暴力，
成為大學生的我依然為此困擾。
偶爾回想起來，我還是會流下眼淚，感覺胸悶。
對外活動遇見很多人的時候，
我會無意識地建立起防線，
對於締結一段新關係也深感恐懼。

梁在雄 **在大腦成長過程中所經歷的兒時創傷，會對人格養成帶來致命性的影響**，可能會使人變得小心翼翼、畏畏縮縮，或者迴避人際關係。英國國

王學院倫敦大學研究小組的研究結果便指出，兒時受到排擠的後遺症，就算經過四十年還是會對大腦產生影響，要說是會左右人的一生也不為過。相對來說，治療也絕非易事。

梁在鎮 學生時期遭遇過校園暴力的人，大多數都會經歷類似創傷後壓力症候群的症狀。治療之所以困難的原因在於，目前的生活中並不存在需要克服的對象，只是過去的經驗或對象在腦海中不斷擴大，就好似在跟一個沒有實體的敵人戰鬥一般。

他們回到過去，不斷嘗試對折磨或排擠自己的對象做點什麼，但光是嘗試這件事情，就足以令自己感到恐懼和不安。畢竟要對一個已經自己努力多次嘗試的人提供其他的建議或方法，其實並不容易，站在後續的立場上也很難說什麼。

所以說擁有校園暴力創傷的人們，大部分都會在經歷校園暴力許久，長大成人之後才到訪精神健康醫學科。所面對的事實與想踏入社會的意欲相反，過往創傷緊緊抓住自己的腳踝不放，結果大部分的人都在經歷憂鬱症或焦慮症後才上門看診。

受害者除了對主導校園暴力的加害者有所不滿，對於袖手旁觀的人也同樣懷抱強烈的憤怒與挫折，最後便感覺社會上大多數人看待自己的角度，都跟這些人一樣。

梁在雄

校園暴力因為是兒時經歷的創傷，所以跟兒童虐待是一樣的。校園暴力事件被害者的根本心態是無力感，比起對加害者感到憤怒，因為當下無法做出任何回應的自己所產生的自我慚愧感，更加強烈。久而久之，便陷入了自我厭惡。

在這個狀態下長大的人，很難建立深度的人際關係。除了會對締結新關係的人築起防線外，也會害怕自己再度成為被施暴的對象或弱者，因此處處提防。

或者，他們會以相反的形式呈現，就像先前所述地「把自己與加害者一視同仁」，對比自己更弱的人施加脅迫感，或者同樣行使暴力，為的是證明自己並非弱者。

即便現在已經跟還是孩子的自己不一樣了，但是長大成人的身體中，依然存在著那個孩子。不管外在行為再怎麼像大人、在社會上有多功成名就，心裡的那個孩子仍然處於受傷的狀態，最終還會阻礙自己成長為更成熟的大人。

所以在治療的開始，就是要先帶出自己內心的小孩，正面面對、不要再逃避兒時的自己。要親自確認自己已經成為不會再受傷的堅強成年人，但是要獨自做到，這可能是個很困難的嘗試。

因此，最重要的應該就是要帶出自己的內在小孩，與不會忽視這個內在小孩的對象建立新的交流，而不是建立一段會讓人無意識築起防線的關係。確認可以展現自我後，接著進入確認可以自己守護自己的過程。經歷了這些之後，就可以在一段新的人際關係中更有自信，最終擺脫自我厭惡。

梁在鎮

這世上一定存在著擺脫校園暴力創傷的案例。隨著社會地位或經驗改變，可以打破所謂加害者與被害者的關係。為此，最重要的就是與他人保持同等的關係，並親自從中體悟。

只要持續在各種人際關係中體驗，瞭解並非所有人都是要傷害自己的人；且自己也不是會在人群中成為目標的弱者。最後，一定可以發現那個能用開放心態待人處事且成熟的自己。如果你正因為校園暴力的創傷而飽受痛苦，從現在開始接受專家的幫助，一起試著努力克服吧！

朋友從外貌到行為，模仿我所有一切

當朋友第一次模仿我穿衣服的時候，
我還認為應該是因為流行衣服都很像才會撞衫。
但隨著時間過去，
不只髮型、耳洞等外貌，
他連我的口氣、行為甚至聯誼都模仿，
讓我感到很害怕。
那位模仿我的朋友，到底是基於什麼心理才這樣做？

梁在鎮　以類似故事為題材所拍攝的電影或電視劇很多，每個人都一定有過模仿

別人或被別人模仿的經驗。網路漫畫、電視劇《奶酪陷阱》（치즈인더트랩）中，模仿洪雪的孫敏秀就是典型的案例。

電影《雙面女郎》（*Single White Female*）也是以這個主題拍攝的作品。主角海蒂把室友艾莉當成自己於事故中身亡的雙胞胎妹妹，所以開始模仿她所穿的衣服、鞋子、髮型等一切，甚至為了不讓艾莉被搶走，殺害了艾莉的男朋友。可以說海蒂在成長過程中，就出現邊緣型人格的傾向，最後演變成為邊緣性人格疾患。邊緣型人格傾向是喜歡模仿他人的人，會出現的共同特徵，以海蒂的情況來說，主要是想要擁有對方，害怕被拋棄等原因所引起的不安。

梁在雄

邊緣型人格傾向最大的問題出在**自我認同的混亂**，也就是缺乏自我認同，或被稱為自我認同迷失，簡單來說，就是沒有所謂的「自我」。這種人由於自我與對方的界線不明，所以當喜歡上某個人，就會想跟對方成為一體，無法理解到何謂適當的距離。因為希望對方跟自己所有的一切都一樣，一旦感覺雙方不一樣，便會很難以承受彼此之間的差異。

大部分的人都是以自我為中心生活著，與身旁的家人、朋友、職場同事保有界線，並會依序排列重要性，但是具有邊緣型人格傾向的人，這個順序雜亂無章。就連面對第一次見面且不太了解的人，他們也會把對方理想化或偶像化，稱對方是「摯友」；即便已經建立了長久的人際關係，也可能在一夜之間關係貶值而絕交。除了自己與他人的關係以外，這些人對於自己和這世界的界線也很不明確，可能會為了確認自己是否還活著而自殘。

如果把偶像粉絲文化與自我認同的關聯性串起來，大致上可以解釋為兩個關鍵字——**偶像化**與**一體化**。偶像的粉絲們大部分都是青春期的少年少女，原因就在於他們還沒有樹立明確的自我認同感。電視劇《冬季戀歌》（겨울연가）所引發的韓流熱潮，也可以從同樣的角度進行解

讀。一輩子都在照顧丈夫和子女的女性，在自我認同崩壞的情況下，將裴勇俊理想化了。

換句話說，模仿他人會發生在自我還未發展完整時，大部分出現在成人階段之前。但即便是成年人，在自我認同還未樹立的情況下，也可能出現這種行為。在沒有辦法確定自己是誰、喜歡什麼東西，自我認同尚未建立的狀態下，就會想要跟看起來漂亮或喜歡的對象成為一體。

如果有人在模仿你，將你理想化或偶像化，從積極的意義上來看，你可以影響某個人，所以對方才表現出喜歡或想變得跟你一樣的欲望。這種心情如果無法被克制，很可能會進一步變成對身邊關係的嫉妒，所以我們必須幫助對方找到自我認同感，讓他站穩自己的腳跟。

聽到他們說我壞話後，一切都變了

我跟平時處在一起玩的朋友吵架了。
最後我們沒能和解，各自分道揚鑣，
然後，我聽到朋友們說我的壞話。
那之後我每天都哭著睡著，
到學校的時候也無法做好表情管理。
我的自尊感好像變低了。

梁在鎮　青少年時期時，同齡群體是最重要的世界。對於進入青春期的孩子而言，朋友取代了父母所擁有的影響力，這是人類成長過程之中必然會發生的自然變化。在這種情況下，如果聽到朋友說自己的壞話，心裡肯定很煎熬。

梁在雄 在這種情況下，要拋下之前一起玩的朋友，當事人心裡肯定不好受。雖然一定還是有沒罪惡感的人，不過大多數人內心都會對自己殘忍的行為感到不舒服。然而青少年時，回顧自身行為具有何種意義的能力及再度回首的勇氣都還很薄弱。

每個人都會竭盡所能把自己的行為正當化，說壞話也是為了掩蓋罪惡感，將自我行為正當化的一環。不過年紀輕的人還無法做好價值判斷，所以肯定會出現更出格的行為。所以說，如果聽到青春期的朋友們說自己的壞話，務必要記得問題未必出於自己。

梁在鎮 絕對不要專注在壞話的內容，那些都是別人為了降低自身內心的罪惡感，把行為正當化所說的輕嘴薄舌。最重要的是，要瞭解自己的心態，是不是還想要和解後好好相處？如果想要再聚在一起，就要思考原因是什麼；如果不想繼續相處，就要慢慢思考自己想要和誰建立新關係。

梁在雄

就算被群體淘汰，也沒有必要一定得重修舊好，反而可以把這當作機會，檢視群體成員在自己身邊的時候是不是好人。不論是誰都會在人際關係裡經歷大大小小的紛爭，互動過程中，我們會需要承認錯誤或請求道歉，但是沒有必要留戀會說自己壞話的人。反而應該要反問自己，對對方的留戀，是不是出自於害怕被拒絕和拋棄的心理。

梁在鎮

同樣的情況，也會發生在青少年期過後的社會生活上。心情很痛苦的時候，一整天都會出現負面想法，深陷其中難以脫身。但越是這種時候，儘管再累，也要用客觀的角度看事情。用比目前所處狀況更高的視角，近距離地觀察自己的內心吧！

不要把原因都歸咎在自己身上，只要從現在培養以客觀角度看待自己和這個世界的能力，即便以後經歷或目擊到類似的事情，也都能夠明智地處理。

以為自己沒事了，卻一點也不

說短不短，一個月，被折磨的後遺症。
老師放任地袖手旁觀，
兩個月的時間裡強烈的壓力，
使我飽受健忘症和嘔吐之苦。
我以為現在的我沒事了，但跟親近的人聊天後，
我才發自己依然有事。

梁在鎮　每個人在經歷困難的時候，解決的方法都不一樣。倘若經歷連自己都難以觸碰的困境時，有些人就算一點都不好，也會騙自己沒事了，企圖把

事情埋藏起來。年紀太小或是沒有實質解決方法的情況下，更容易出現這種傾向。

在這種情況下，有時候會在跟某個人對話的過程中，發現自己埋藏在水面下的真實情緒，接著就會發生一種換氣的效果，這是修復的必經之路。如果嘴上說著沒關係，把事件深埋心裡，任憑時間流逝，你的內心依然會住著一個受傷的孩子。假使你已經發現自己的內心狀態，就從現在開始找出解決問題和讓心裡受傷孩子健康成長的解決方案吧！

梁在雄

孩子跌倒時，一般大人都會說：「沒關係，這不是什麼大事。」這是為了不讓孩子嚇到，為了安撫孩子。但如果孩子聽到這句話就停止哭泣，可能日後就算說自己生病、說自己辛苦，大人們也只會做出如此的反應，這是一種錯誤的學習。

有關係就該說有關係，在這種時候，身為大人本應該要給予幫助，但卻反而教導了孩子「說沒關係就會好起來」這樣的錯誤觀念。在這種情況下，孩子的心當然會無處安放。

嚴重的校園暴力，甚至會讓人感到生命受威脅。論誰在這種校園暴力之下，當然都不可能沒事。不管誰說了什麼，只要自己認為有事就是有事，感到疲憊就是疲憊。在沒有辦法獲得幫助的情況下，傷口和無力感肯定會倍增，所以就算再疲憊，也要鼓起勇氣，別把事情埋在自己心裡，去告訴身邊的人，請求對方的幫助。

除了父母，你的身邊一定也還有善良的大人。把那些還沒成熟的大人推到一旁，去尋找你可以和他分享故事的人，你一定可以找到會溫暖包容自己的大人。如果你在心裡築起一道心牆，茫然若失不採取任何行動的話，任何人都無法靠近你，你永遠也不會有機會說出自己的故事。不知道你的故事，就沒人能對你伸出援手。

雖然不嘗試就不會失敗，但狀況也不會變好。如果你因為校園暴力深受其害，請不要害怕反覆試錯。為了讓自己可以真正沒事、為了成為更好的自己，一定要為自己伸手求援。

梁在鎮

校園暴力是絕對不可輕忽的問題。若單純基於無聊和有趣所做出的行為成為玩笑和遊戲，最終會帶給受害者終身無法洗去的屈辱和無力感，更甚者會讓人感到生命受威脅，就像是青蛙被一顆無意中扔出的石頭砸死那般。

主導校園暴力的加害者，用一句話來形容就是尚未進化或缺乏學習，可以說是一種潛藏著缺陷與未成熟的人類本性。雖然受迫害不是自己的錯，但也希望你不要把所有的時間和能量，消耗在自責或對加害者的恨與憤怒上。

梁在雄

如同前面所述，校園暴力的加害者，多數都是兒童虐待或其他校園暴力的被害者——這也是另一個嚴重的問題。曾受暴力的孩子，會加害更弱的對象，試圖藉此擺脫無力感。所以如果過去曾是暴力事件的被害者，不管有沒有陷入憂鬱和畏縮，都要努力反觀自己，確認自身心理狀態，看看自己有沒有為了擺脫無力感，以任何形式對他人行使力量。

可以抑制忿怒的額葉與前額葉，在二十歲後半期會進行最後的成長，這代表校園暴力的年輕加害者與被害者，都還有餘力可以成長為更好的大人，為此，我們需要努力找到一位成熟大人和優秀典範作為人生的幫手。

即使是校園暴力的被害者，也一定有足夠力量可以擺脫過去的負面回憶，成為一位優秀的大人。請不要忘記，曾經是被害者的自己，也能成長為一位得以幫助他人的大人，要培養對自己的信任。

我已經厭倦在朋友面前扮好人了

朋友們總是說，喜歡我帶給人一種正能量的感覺，
但我的內心其實不是如此。
我好像一輩子都在假裝沒事、假裝開朗，
現在我已經不知道真正的自己是什麼樣子了。
我對朋友和自己感到抱歉。

梁在鎮

人生中，我們有時候會感到積極，但也很多時候會因為負面想法而感到憂鬱。在這個世界上，辛苦和痛苦的事情跟開心快樂的事情一樣多。人生諸多瞬間，在遇到難關的時候會感到挫折，而克服難關後也會迎來興

奮和幸福的時刻。

如果你形容自己「一輩子都在假裝沒事、假裝開朗」，很有可能當你遇到辛苦或困難的事、心裡受傷或有煩惱的時候，大多都試圖只靠自己獨自去解決。也很可能當你在需要被理解與安慰的時候，比起和其他人分享；反而選擇假裝沒事，努力不讓他人因你而產生不舒服的情緒或擔心。

梁在雄　這類型的人認為，比起展露自己真實的一面，展現開朗一面更能照顧到對方的感受，他們隱藏著真實的自己，懷抱他人可能會討厭或遠離自己的恐懼。也因此，當別人稱讚自己開朗時，理所當然完全開心不起來，因為真實的自己並不只有開朗的一面。

更進一步來說，若對方喜歡的是編造出來的自己，他們也很難確信對方的心是不是向著真實的自己。於是為了可能在欺騙對方，同時也在欺騙自己，而感到抱歉。

如果分享悲傷、一起苦惱的經驗不足，要向對方表現出這些行為，本身就是一件令人倍感壓力的事。即便真的跟對方分享了煩惱，可能反而還會讓對方更加擔心；而自己也可能害怕展現了負能量而非正能量的自己，讓對方感到失望，或者對自己產生不一樣的看法。

但至少從現在開始，要好好觀察自己的想法和情緒，給自己一點時間，包容、承認真實的自己。每個人在這個世界上，都會很想獲得他人的肯定與愛戴——小時候老師的一句稱讚、收到一張獎勵貼紙等小獎品就會讓人非常開心。但是過度在乎他人的反應，太過迎合他人的期待，會讓人開始迴避負面的內在。

很多人會表現自己財力雄厚的樣子；些人會用掌握名譽和權力的模樣來包裝自己，想展現出自己開朗、正向、充滿能量的樣子。這種情況也是一樣，因為害怕展現自己，所以只想表現出正面活力的樣子，選擇隱藏或粉飾負面的自身。我完全可以瞭解這份心情。

但若如此繼續專注於「外在的自己」，就會越來越背離「內在的自己」。再優秀的人都一定有缺點，不管心地再善良也會有氣憤的情緒，別再繼續壓抑自己內在自然的情緒了。過分想當一位「好的自己」，便會在建立關係的時候，演變成只展露有限自身，或是用具備防衛心的方式對待對方，最後導致難以培養深厚的信任關係。

梁在鎮

分享快樂，快樂就會加倍；分享悲傷，悲傷就會減半。我們的人生確實是這樣，如果你至今從未體驗過這件事，請從現在開始跟身邊親近的人吐露你面臨的難題，透過分享，試著感受嶄新的情緒體驗吧！

即使沒有獲得自己想要的答案，也不要感到失望，把它當作是「發現自己有這種期待」的契機。雖然一開始可能會有點難度，但是慢慢地你一定可以建立一段溫暖、柔軟又健康的關係。

如果有需要，也可以透過和專家諮商，嘗試開放真實的自己，表達情緒。在這個過程中，可以確認自己是不是抱持著「不是開朗且沒事的自己就無法被愛」這樣的信念，如果是，請試著從成長背景中找出自己之所以如此的原因，並培養可以更深入、更真誠與人互動的能力。累積幾次情緒獲得支持的經驗後，「開朗但是不好的自己」也將可以堂堂正正地在這世界上展現自我。

梁在雄

有個詞彙叫「態度的價值」，意思是自身所選擇的態度集結起來，會決定一個人的樣子。因此，我們確實有必要追求正面的態度。

但如果放置自己內在負面的情緒不管，久而久之內心肯定會生病。面對負面情緒時，適度將它吐露給他人，藉由情緒被接受的過程，我們便可以更近一步建立更成熟的人際關係。

Note

第七章

職場

不要犧牲奉獻，也不要落荒而逃

還就對方的想法，
對方卻沒有用同樣的方式瞭解你的想法。
本來因受了傷、感到遺憾，
選擇用封閉關係的方式應對，
現在必須要停止這一切了。

最根本的變化要從自己做起。
對於感到不舒服的事情，
為了守護自己，開始練習提高嗓門吧！

別操之過急，也要讓其他人可以慢慢適應，
慢慢地接受你的變化。

沒辦法長時間在同一家公司工作

我已經到了三十而立的年紀，
但是卻很難長時間在同一家公司工作。
是因為我的個性充滿好奇心，
對於單調的工作覺得無聊嗎？
雖然我也沒有到果斷盲目換工作的程度。
但經歷過好多間公司，還是反覆面臨相同的情況，
讓我變得好無力。

梁在鎮　人們本來就傾向把自己與生俱來或長時間持續執行的事物，接納為人生

中的一部分。很少人會持續對自己生來是男是女這個根本原因不斷提出疑問，職業對於某些人來說也具有相同的特性。

長時間做同一份工作，或持續做同一件事的人，會把工作當成自己的主幹，只在其中謀求變化，例如：在職場上轉換部門，或是用以前從未嘗試過的方式執行業務，以不打破生活模式為前提，尋找新的目標或喜悅，從中獲得成就感。

梁在雄

平時喜歡陌生又新穎的東西可能沒什麼，但倘若因個性自由奔放，較難保有一開始的熱情，也無法持續做同一件事，就很難被規定所束縛。在這種情況下，很可能也難以節制金錢或內在的能量。

與此同時，如果對危險較敏感，又有逃避危險之傾向，你的內在就會發生衝突。總而言之，就是**內心的不安感很高**。這樣的人無法果斷換工作，就算換了工作，也會週期性地感到倦怠。

梁在鎮

改變物理環境或周遭人事相對容易，換工作就是一個例子。但是換工作只是改變了周圍環境，並沒有改變生活方式。如果換工作的同時，還持續著一直以來的生活方式，這就不是解決倦怠症的根本方法。

大多數人二十幾歲時，就算沒有長期計畫也不太會焦慮，同時也不太感受長期計畫的必要性。但三、四十歲開始，就會對未來越來越不安，雖然做自己現在想做的事，看似就是最明確的答案；但一想到未來，又會感到茫然。這份不安慢慢積累起來後，人就會變得無力。

如果你已經認知到自己個性的優缺點，現在就開始試著從根本上改變自己一直以來的生活模式吧！做想做的事，同時慢慢和自己約定好未來。這個過程裡你一定會感到憂鬱——不論是誰，都會因為改變生活模式而焦慮，甚至會感到憂鬱——也因此，有些人連嘗試都無法辦到。

梁在雄

為了改變，最重要的就是客觀地觀察現在的自己。如果個性比較衝動，容易被刺激事物吸引，至少要先承認這一點，這麼做可以一定程度上穩定內心的不安。

人生沒有正確答案，不管選擇哪一條路，都有可能會對沒有走的那條路感到後悔。但可以確定的是，只要在自己選擇的路上全力以赴，就算挑戰是失敗的，它仍然會為下一次的挑戰帶來意義。

如果你還在猶豫要不要做什麼事，去挑戰吧！為了讓這個選擇能夠成為最棒的選擇，竭盡所能地努力吧！即使失敗，你也一定能看見成長後的自己。自己決定、執行並負起責任，反覆經歷這個過程，久而久之便可以達到具體的自我實現。

主管離職工作一定更累，要跟著走嗎？

公司的事情太多，每天都忙得不可開交。
除了個人的工作以外，還有公司定期系統性分派的工作，
在這種情況下，我的直屬主管也打算要離職了。
我不確定自己有沒有能力承接那些工作，
我要在承攬更多責任之前快點離職嗎？

梁在鎮

根據是否有可以為自己承擔責任的人，在職場上所感到的壓力必定有所不同。面對沒有經歷過的事，我們總會害怕負責任，也會對於未來狀況感到不安和恐懼。面臨這種茫然時，回想剛開始進公司時的狀況會有幫

助，因為曾是新進人員的我們，都經歷過訓練期，也曾經犯錯、獲得過負面回饋，透過這些經驗，才慢慢擁有現在的能力。

因為直屬主管的離職，對於未來被賦予的責任和工作壓力感到害怕，這是一種預期性焦慮。如果是很相信或依賴直屬上司的人，這種感受又會更加深刻。如果可以，直接和主管敞開心扉好好談談會是個好方法，如此不但可以聽到主管的經驗，也可以從中獲得對工作的自信。

梁在雄

有些剛出社會時經常犯錯、無法獲得好評價的人，升遷上中階管理層後，反而在管理位置上表現出傑出的工作能力。正如這個舉例，在親身經歷前，絕對不可能知道自己的能力在哪。如果你因為主管不在，擔憂自己日後要負責的工作量、工作強度或職位壓力，而在思考要不要離職，請稍微再忍忍吧！希望你至少能夠直接面對過那份工作，親自感受和體驗一下。

因為很可能實際上，自己比想像中更適合那個位置；而且就算最後撐不下去，還是離職了，但積累起來的工作經驗依然是自己的，對於去別的地方工作也會有很大幫助。

世界上有很多沒嘗試過就無法知道的事，自己對什麼工作感興趣、擅長做什麼工作也是一樣。希望你能記得，在不同位置上，可能會發現自己也不知道的能力和優點。

經常因犯錯被指責，都對自己感到心寒了

我在工作上經常犯錯，所以一直被責備。
這導致我精神動搖，對自己感到無限的不足，
整天自我責怪，變得憂鬱。
因為也沒有可以敞開心扉談心的人，真的好累。
我真的那麼無能嗎？

梁在雄

若在工作上經常反覆犯錯而倍受指責，除了自信心會下降，也會討厭起那樣的自己。當你出現這個想法時，希望你先暫時放下那顆意志消沉的心，客觀區分主管和下屬的工作。

以主管的立場來說，其角色就是賦予下屬工作，然後給予相應的回饋。也就是說，不管工作成果傑不傑出，給予評價都是上司的工作。對於接受的人而言，這可能是種指責，但以主管立場來說，這卻是他不得不給予的反饋。也許對主管來說，自己指責得越多，表示他盡到越多身為主管應負的責任。

梁在鎮

不要忘記主管的指責是針對「工作」，而非「個人」。當然如果其中參雜了粗口等不適切的言行，這一定是不對的，但除了上述情況，一定要分清楚主管所給予的回饋，不是針對個人的存在、個性、價值觀，而是單純針對工作成果所給予的回饋，要將其收下。

當然，主管也應該要努力根據員工的個性或特性給予不同的反饋——有些人是越稱讚就做越好；但也有人需要準確被糾正。下屬應該站在主管的立場思考；主管也要站在下屬的立場思考，這是所有人都該做的努力。

絕對不要把主管對工作的指責，放進個人情緒或作為絕對的標準，這也只是源於主管所學習到的方式而已，不代表就是正確答案。只不過是為了把這個方式應用在現在的組織上，必須比較熟練而已。

努力盡快把收到的回饋變成自己的東西，這樣就算換工作到別的地方，也一定會有所幫助。與此同時，因為事情沒有正確解答，所以也要繼續思考更好的工作處理方式。不是因為他人的要求，而是自動自發地努力向上，這最後也會成為提升自尊的道路。

若能以此為基礎，長時間在一個領域中工作，每個人都可以成為一定水準以上的專家。屆時，能給予自己工作反饋的人就會消失，那個時候的你只能完全相信自己，去執行業務——也就是說，所有責任都在自己的身上。所以，希望你記得，可以向他人學習的時間是有限的，能夠讓自己成長的時候，只有現在。

梁在雄

沒做錯事還是會罵人的主管，該怎麼面對？

在家工作時，我連上廁所的時間都沒有，
主管用訊息確認工作，卻指責我沒有認真。
同事的速度比我慢很多，而且很隨便，
但主管只對我心急如焚。
我應該要怎麼跟這種主管相處呢？

梁在鎮

據說上班族換工作或離職最大的原因就是人際關係，也就是說，許多人都在職場上經歷過人際關係的衝突和困境。不管做什麼工作，都一定會有毫無理由就討厭自己，或是合不來的人。這種公式不限於職場，在社會上每個地方都一樣有，也就是說無論何時何地，都會存在著對自己而言奇怪的人。

梁在雄　這句話的意思是——**人與人之間的關係，會大幅受到個人特質的影響**。可能會有人說：「在職場上只要做好工作就行，人與人之間的關係有什麼重要的？」但也有句話說「**最好的說服是感情上的呼籲**」，其實在職場上，如何建立與主管之間的關係，也是做好工作的重要一環。換句話說，為了在職場上與主管建立良好關係，一樣需要投入相對的時間和精力。

在組織裡能擁有何種影響力，跟做出好成果一樣重要。追根究柢，與主管維持良好關係，也是職場上不得不做的延伸業務。職場是人與人聚集的地方，即便大家的目的是工作，但是解決衝突或關係之間的矛盾也非常重要，這項能力在工作評價中亦佔據了很大的比重。

梁在鎮 語言上傳遞的訊息，也就是我們說話的內容，只不過佔對話影響力的二〇%。同理可知，溝通中的語氣、表情、手勢等非語言訊息佔了剩餘的八〇%，比前者更為重要。

也就是說，在只靠訊息對話的傳達過程中，很可能會產生誤會。近期因新冠肺炎猖獗，導致居家辦公增加，這種狀況就更容易發生了。即便你不去廁所，認真工作，主管也可能不知道你有付出過這些努力，如果再加上主管的個性比較直言不諱，連一點小錯誤都不願意放過，還出言指責，就會使你更加失望，感覺受到差別待遇。

梁在雄 語氣具有攻擊性且直言不諱的主管，可能是壓抑自己情緒的，所以他們表達起來比較生硬，這種主管在你跟他拉近情感距離的時候，反而會更容易打開心房，也更可能建立良好的關係。反而是本身情感距離較近的主管，大多數情況下都會以工作成果作為評價。這是因為人在對方發現自己較生疏或不具備的東西時，更容易打開心門。

人們往往會像這樣，被和自己不同的東西所吸引，同樣地，如果在他人身上發現自己擁有的缺點時，也很容易就會討厭對方，這可以說是一種投射。如果可以透過特別的契機交換彼此內心想法，其實跟自己相近的人才會更瞭解自己，情感上也才能感覺更親近。

如果你正在苦惱與主管之間的關係，希望你能想起這一點，從另一個角度看待主管，創造可以分享心裡話的機會。傳達自己失望的心情，也許也可以成為改變關係的契機——因為你已經先打開了心房。

壓力大到快爆炸，我好累

平時我很重視人際關係，
也很容易感受到他人的心情。
這樣的個性好像導致我更容易承受壓力，
當積累的壓力爆發，睡意就會席捲而來。
我想在壓力爆發之前，先稍微緩解壓力。

梁在鎮

如果你曾經有過生氣時睡意席捲而來的經驗，這是大腦為了保護自己所啟動的一種安全機制，由於你經歷了自己難以承受的極大壓力，大腦發出了要身體和心理進入休息的信號。在像這樣爆發之前，更好的方式是安靜傾聽自己的內心，並在平時就使用適合自己的方式消除壓力。

梁在雄

重視關係的人，經常會忽略自己的情緒，因為把重點都擺在和周邊人事的紐帶上了，沒辦法專注於自身的內在。這些人可能認為壓抑自己的情緒對維持人際關係有益，但是結果很可能恰恰相反——因為人的忍耐和壓抑都是有限度的。

也因此，我們偶爾會遇到平常情緒調節得很好，但最後忍無可忍，直接斷絕關係這種行為模式。除此之外，有些人會出現消極抵抗的被動攻擊行為；有的則是爆炸性地發火。

如果本身就是容易感受到壓力的個性，再加上無法適時緩解壓力，積累之下最後才一口氣爆發，這終究不是健康的人際相處方式。

在職場上也很可能出現相同的模式，到了忍無可忍的時候，比起從其中找尋解決方法，反而會選擇直接換工作這樣的極端方式。

工作時，即使再累我們也不能表現出來，所以看見身邊那些工作模式更加繁重的人們，總覺得自己很可能也會成為那個樣子。如果你正身處這種狀況，在做出換工作這種根本性的改變之前，應該要先試著向身邊的人傾訴自己的狀況和心境。請帶著自信心，相信自己是公司不可或缺的人才，並用理性且具備邏輯的方式解釋自己所處的狀況，說服公司做出改變。

另外，要有意識地持續觀察與照顧自己。對方未必會像我們照顧他們那樣，回過頭來瞭解我們的心情，在因此受傷和難過的同時，你應該先停止使用「斷絕關係」的方式來應對問題。

慢慢試著思考，重視關係的自己是不是缺乏相對的獨立性和主體性？這樣子的自己或環境，是否成為了壓力的來源？在不好的狀況下，不要總是想避開自己心裡覺得不愉快的人，或與其的來往、對話。就算自己的情感表達對某些人來說可能直言不諱，但**該說的話還是要說**。為了保護自己並與他人或組織建立健康且長期的關係，我們必須要承擔這份不舒服，把話說出來——當然是在遵守基本禮貌的前提下。

梁在鎮

根本的變化要從自己開始，從現在開始練習放聲說出讓自己感覺不舒服的事物吧！不用太過著急，要讓身邊的人慢慢適應自己的變化，如此一來，大腦打開「睡眠」安全機制的次數就會漸漸減少。

心理病態與社會病態

心理病態（Psychopath）與社會病態（Sociopath）雖然不是正式用語，但卻是社會上廣為人知的詞彙，一般會被診斷為反社會人格疾患、自戀型人格疾患。

反社會人格者會侵害他人的權利，對於詐欺、說謊等行為毫無罪惡感，不把它當一回事；而自戀型人格者則會過度評價自己，為了成功不擇手段。

心理病態者的對錯標準和一般人非常不同，而且並不分明，「無罪惡感」是他們的特徵。由於他們無法感受到他人的情緒，所以也無法考慮他人。

社會病態者雖然不及心理病態，但是他們相信自己的話就是真理，對自己充滿自信；他們對他人情緒的感受來自於學習，而且無法考慮他人，特徵是非常以自我為中心。這樣的人無法接受他人的提問或諮詢，從大部分的實際案例看來，自戀型人格疾患者很可能也是社會病態者。

心理病態大部分的情況是因為大腦額葉有器質性損傷，具有較高的生物學遺傳因素；但是社會病態則是後天因素較強。如果說殺人、強盜、強姦等兇惡的犯罪者，比較接近於心理病態；那麼為了自己的成功，剝削、利用周遭人士的企業家、政治人物、邪教教主等，這些社會上經常可見的人，就比較接近於社會病態。

這與其說是醫學分類，更應該說是依據心理學統計做出的分類。心理病態和社會病態不是同一個時代、同時出現的用語，清楚區分這兩個種類沒有太大的意義。如果說心理病態是適合文化產業使用的刺激性素材，那麼我認為社會病態可以說是難以表達出自我信念的現代人，彌補自我缺陷的方式。

其實社會病態型的人在社會上處處可見，如果你遇到一個內在非常具剝削性格，但外在溫和的好人——即當某人有著兩極化的評價時，他就有可能是社會病態者。舉例來說，網路漫畫、電視劇《梨泰院 Class》（이태원클라쓰）的趙以瑞就可以被視為是社會病態，但是從他會感受到對方的疼痛和痛苦上看來，在精神醫學科上又很難被診斷為社會病態。

社會病態者可以清楚知道自己的優點是什麼，並以此利用他人，相對地他們也不喜歡在他人面前暴露自己的弱點。此外，他們經常說謊，就算是為了自身成功或快樂而欺騙他人，也感受不到罪惡感。比起珍惜人，更像把人視為道具，因為如此更易於他們調節自己的情感。就算事情是因為他們而出錯，他們也可以扮演被害者。社會病態者比起提前做好計劃，更喜歡衝動行事，也因此他們對所有事都容易迅速感到無聊，總渴望新的刺激。此外，他們的另一個特徵是食慾和性慾都非常強。

如果想知道自己或身邊的人是否屬於社會病態者，可以帶入前面所述的社會病態特徵。但是正確的診斷還是只能由精神科判斷，要注意別用不正確的推測懷疑沒有問題的人。

Note

第八章

戀愛

千萬不可以愛到討厭自己

表達喜歡的心意，
並不是錯誤行為。
但竭盡所能表達自己心意後，
對方就能感受到想傳達的意思嗎？

如果人與人之間無法保持適當距離，
任何關係都無法長久。
為了建立一段好的關係，
需要保有足以維持自我獨立性的內在空間，
只有這樣做，戀情才能走得長久。

毫無保留地表現心意，也有問題嗎？

我只不過是表現出有多喜歡對方而已，
但不消一個月，對方就會冷掉，
所以我每次談戀愛都沒辦法超過三個月。
身邊的人都叫我不要表現得太過，
可是我一旦喜歡就會寫在臉上，藏也藏不住。
我不能表露出自己很喜歡對方嗎？

梁在雄

因為是兩個不同的人在交往，所以戀愛是一件很困難的事。如果對方跟自己有相同心意是最好的，但假如對方沒有，心裡難免會感到難過。若無條件盲目表達自己心意的時候，對方可以給予回應，那當然沒問題，但現實中大部分情況都不是這樣的。

在無法知道對方全盤心意的狀況下，人們因為心懷不安，不太會吐露出自己的愛意。像這樣不完全展露自己心意的行為，就是被稱為「欲情故縱」的戀愛技巧。在現實戀愛中，無論是「真誠表達自己」或「像從未受過傷一樣地愛一個人」，這些名言大多都是行不通的。

梁在鎮

如果反覆經歷給予對方全盤的愛卻因而受傷的戀情，就要試著從自己身上找原因，因為你被吸引或喜歡的對象，個性上很可能跟自己正好相反。或許就是因為你在不知不覺間，被同樣不太表達且個性漫不經心的人吸引，才會反覆發生相同的結局。

對於不善表達，或內心敞開速度較慢的人而言，可能會對你反覆表達的愛意感到壓力和負擔。

梁在雄

當然，問題也可能出在對方身上。自尊較高的人，會原封不動接納喜歡自己的人，同時也會喜歡他們；但是自尊較低的人，就很可能會輕視喜歡自己的人——因為他們不喜歡自己，所以認為喜歡自己的人也同樣沒有價值。

或者也有可能是因為你陷入了自我懷疑，想著：「到底為什麼是我？」的同時，不知不覺間被恣意對待自己的人，而非為自己好的人給吸引了。

也就是說，到目前為止你所交往的對象，很可能都是無法接受對方愛意且自尊較低的人。

向人表達情感的時候，都會同時存在陰暗面與光明面。表達自己喜歡的心意，就是期望獲得某個人的心；但如果沒有辦法獲得同等回應，不論如何心裡都會感到惆悵。由於這份惆悵也會傳達給對方，久而久之，關係就變得生疏，反覆下來甚至可能使兩人走向分歧。

梁在鎮

表達喜歡的心意，並不是一個錯誤的行為。但是竭盡所能表達自己的心意，對方就能感受到相同的涵義嗎？我們必須站在對方的立場，理性地感受和考慮對方對我們的行為有什麼感覺。**沒有考慮對方感受的愛，幾乎等同於暴力**。

大部分人的初戀之所以會失敗，就是因為還無法控制自己的情感，在沒有顧慮和照顧對方立場的情況下，只考慮自身情感，單方面地向前衝。不僅戀愛，想要在所有人際關係中，表達出正確的情感，其實都需要練習**忍耐**。

梁在雄

這也是為什麼我們總說人際關係需要保持「適當距離」。如果人與人之間無法維持適當距離，任何關係都無法長久。為了建立一段好關係，需要藉由一點距離感，來保有維持自我人生獨立性的內在空間。保持可以承受的健康距離，才能不給對方壓力或懷疑對方，反之自己也才不會感到費力或疲憊。只有這麼做，戀情才能走得長遠。

回想看看自己喜歡過的人，是否都是有價值的人？想一下自己對待他們的樣子，從過去的戀愛中找出問題點，讓下一次可以談一場更成熟的戀愛吧！

要怎麼接受她的前男友？

偶然之間我聽到女友的前男友，
是我平常很仰慕的前輩。
我因此追究女友為什麼沒跟我說。
在這之前我對她過去的戀情並不好奇也不嫉妒，
但是聽到這個消息後，
女友和前輩的樣子開始重疊在一起了。

梁在鎮

前男友或前女友的問題，對戀人們來說就像是潘朵拉的盒子。從彼此的談話或第三者身上聽到這些事的瞬間，就無法再回到過去不知情的時候了。若前任比自己優秀，便會產生自卑感；但如果前任很糟糕，自己也不會太爽快。如果又出現了自己認識的人，衝擊感就會更大。

假如偶然之間知道了戀人過去的情史，可以藉由對話共享這件事情。重要的是，不要去加以追究或過分想像，以免引起不必要的誤會或懷疑。

梁在雄

大部分男性會比女性更在意前任的存在，就像人們愛說的：「男人想成為女人的第一個男人，而女人想成為男人的最後一個女人」。

雖然不能一概而論，但大部分男性都會把自己對前任保有的想法和其代表意義，同樣套用在現任女友與女友前任的關係上。如果你過分在意對方前任，最好先確認自己對於前任是不是還有留戀或憐憫等心理上的連結，可以試著想想是不是自己把相同的心理狀態，套用到了現任女友的身上，才因而感到痛苦。

梁在鎮　或者可能是自己把這份情感，投射在女友的前任身上，懷疑對方還有留戀。執著於過去，不斷在意前任，不只會令對方失望，對兩人的關係也絕無益處。**如果不想要分手，就必須果斷拋開她過去的故事**。

梁在雄　對方在你知道她前任之後，也還是同一個人。如果你還是很喜歡現任女友，換個角度思考也是一種方法——要不是她遇到過錯的人，從過往經驗中學習、變得更成熟，也不會有現在你所喜歡的樣子。前任是現任伴侶變成熟的過程中所需要的人，也許我們應該要感謝過去那些人，成就了此時此刻的這個人才對。

人們遇到並愛上某個人，想要永遠維持這段關係時，就會考慮結婚。接著在準備結婚的過程中，也會看見彼此的家庭環境。這就像是在面對，那個人十～二十歲個性的養成因素一樣。

然而在脫離父母保護後，人生中決定一個人的主要因素，就來自於從各種人際關係中積累的經驗，而其中最重要的人際關係，就是戀人關係。換句話說，正是透過戀愛所學習到的經驗和痛苦，才完整了現在我們所愛的人。

梁在鎮

為了維持長遠的關係，一定要承認：對方現在的樣子，融合了她與前任們所度過的時間和回憶。所謂的交往就如同「即便如此也沒關係」這句話，就算再喜歡對方，但若無法接受她與前任相愛的過去，是絕對無法繼續交往的。

請你試著客觀思考，知道女友過去事蹟之後的不適感，還有你對她的喜愛程度是否有改變。如果你能夠承受，最好清楚聽她講述之前的情史與別離。假如即便如此你還是喜歡對方，就可以繼續再交往下去。

男朋友身心施暴，但我放不下

男友對我施暴。
雖然想跟他分手，但只要看到他哭著道歉，
我就會重新跟他交往。
一樣的情況反覆發生了好多遍，
現在我如果說要分手，他就會威脅說要殺了我。
雖然那個樣子的他很可怕，
但我還是會擔心離開後，剩下孤獨一人的男友。

梁在鎮 所謂約會暴力，係指戀人關係中發生的言語、情緒、經濟、性、身體暴力。即便沒有發生直接的身體暴力，透過自殘威脅對方，也屬於一種情緒暴力。

約會暴力加害者再犯的機率很高，更嚴重的問題在於，被害者舉報後，受到報復性犯罪的可能性也很高。有些情況是被害者舉報後，因一些無法得知的原因，不願處罰加害者。在這種情況下，倘若被害者不願意，警察也難以將其處以傷害罪。

根據MBC*新聞的報導指出，由於約會暴力增加，越來越多國家開始制定特別規定。美國採取以被害者陳述即可逮捕加害者的義務逮捕制度——當被害者受到暴行時，即便沒有目擊證人，也可以逮捕加害者。英國從二〇一六年開始，即便沒有身體暴力，只要有強迫或控制的行為，最高就可以處以五年有期徒刑。日本從二〇一三年開始，交往對象也適用與家庭暴力加害者相同的法條。

反觀韓國，從二〇一八年就開始宣佈要根除約會暴力，但根據警察局統計，這段時間的約會暴力申訴案件激增了四〇%。在沒有準備好明確的對策下，被害者人數持續在攀升。

約會暴力的加害者有幾個特徵，其中最明顯的是「無法克制衝動」。在情緒興奮的狀態下，他們自我控制和壓抑的力量較弱，會以言語、身體的暴力向外發洩，展現無意識的慾望和衝動，藉由這樣的防衛機制，不成熟地表達情緒。

此外，加害者大部分自卑感較強、自尊較低，因此可能認為對方無意的言語或行為是在貶低自己，並因此展現暴力。他們相對來說，認為自己比其他異性不具魅力，所以更容易嫉妒和猜忌。從個性特徵來說，屬於具有偏執性人格傾向或人格障礙。基本上這類型的人非常多疑，多數情況下會發展成疑妻症或疑夫症，此外酒精、藥物、毒品中毒的情況

＊編註：文化廣播公司，韓國四大全國性廣播機構之一。

也屢見不鮮。

由於男性與女性生理上的差異，約會暴力與一般暴力事件不同，常會發生在動態關係中。由於發生在比任何關係都更具深厚情感交流的戀人關係裡，所以即便不是只發生一次，已成累犯，但多數情況下，被害者仍舊無法斷絕關係，被牽著鼻子走。

梁在雄 約會暴力的加害者，許多都曾是家庭暴力的被害者。他們藉由對物理上較弱的對象展現力量，彌補自己的無力感。

梁在鎮 部分約會暴力的被害者還會陷入「拯救幻想」，擔心連自己都離開施暴者，對方不知道會怎麼樣，陷入這種「自己可以改變對方」的錯覺。這一類人從幼兒時期就無法理解與父母親之間的衝突，所以後來會強迫性地重複衝突，如此演變成問題。只要看到加害者道歉，他們就會誤以為對方真心悔悟而原諒對方，讓情況一再重演。

梁在雄

如同前面所述，過去受到父母虐待的孩子，若討厭或排斥父母，就會意識到自己被人拋棄。因此他們會將父母合理化成好人，把暴力視為愛。他們會有一套安全機制，讓他們感覺比起對自己親切溫暖的人，控制自己、對自己執著的人，更能讓人感受到愛。對自己和藹可親的人會形成壓力，所以反而很難產生感情。

總而言之，加害者是問題絕對的成因，但被害者也需要去認知自己的問題。當暴力反覆發生，卻無法斷絕關係，被害者就有必要檢視自己的情緒狀態。如果發現自己無法離開具有強迫、責備、暴力傾向的對方，最要緊的就是盡快想辦法切斷關係並從頭審視自己。

暴力被害者中有很多都是害怕深層人際關係的迴避型人格違常（Avoidance Personality Disorder），對他人的戒心和高牆，使他們無法輕易與人建立關係。也因此他們最終很可能會跟無視他人拒絕、持續靠近的非一般人，也就是情緒上較不健康的人建立關係。

對於受害者而言，由於好不容易才敞開心房，會有無論如何都想接納加害者的念頭，而且加害者對於被害者會有非常強烈的佔有慾。如果本身有點迴避型人格，練習降低對他人的戒心，多跟人交流、培養看人的眼光非常重要。

梁在鎮

這有點像小時候純純的愛——對方就是我的所有一切，想要把所有一切都給對方。這種心意雖然好，但倘若心態發展錯誤，演變成總是企圖想干涉與控制對方衣著、髮型、手機、人際關係的關係，絕對無法維持健康長久的交往。要仔細觀察自己是不是有出現這種行為，或是對方是不是有向自己提出這些需求。你不應該成為這樣的人，也不應該與這樣的人交往。

施暴的強度一開始可能很輕微，但是**只要看過一次對方暴力的一面，就應該要果斷收拾「想理解對方」的心情，立即逃跑**。迅速的舉報和不妥協的強硬處罰，才能夠根除約會暴力。

梁在雄 也必須要擺脫「兩人的關係獨一無二」這樣的錯誤前提，更好的人到處都是，有暴力傾向的人都是情緒不穩定的人，這種暴力隨時都有可能朝自己襲來。認知到這個危險訊號的當下，就應該盡快整理這段關係了。

梁在鎮 離開的過程當然不容易，甚至還因此出現了「安全離開」這樣的說法。有很多情況下被害人持續被跟蹤、自殺、自殘、殺人、傷害、威脅……這些事牽制，甚至還會出現傷害家人或色情報復等脅迫。但不管怎樣，可以肯定的是，如果不離開加害者，身邊的人包括自己在內，都會變得越來越糟。

除了更換電話號碼，必要時也得搬家。由於加害者會透過身邊相關人事聯絡受害者，所以要把自己的情況告訴所有身邊的人，包含與加害者有關的人在內，告知他們不要聯繫自己。同時也要向警察申請保護令——只有完全斷絕聯繫，才是安全離開的方法。

梁在雄　一定要準備好能夠向身邊人尋求幫助的機制，不要害怕建立關係，這也是為什麼我們要多多認識人的原因。即使自己以前跟大家相處得很好，有暴力傾向的人大部分都會切斷你的人際關係，企圖霸佔。對方不行使暴力的時候，可能會盲目對你好、為你奉獻，所以被害者也可能會因此遵從對方的意思。若陷入這種情況，即便你感知到對方具有暴力跡象，也會因為求助無門，自知身處深淵卻無法逃脫。

自我的價值要由自己創造。跟什麼樣的人交往，也會成為判斷自我價值的標準，希望你能夠遇到一位正常的對象，談一場完整的戀愛。

看分手對象動態，對離別有幫助嗎？

分手後我每天都會看一下前任的社群。
其實也不是有所留戀，
不過看著他沒有我也能過得很好，心情就有些微妙。
當他上傳意義深長的照片或文章的時候，
我也會很好奇裡頭的涵義。

梁在雄

想知道分手對象過得好不好，並不是最近才突然出現在大家身上的狀況，只不過在社群網路還沒被發明之前，就算想知道也往往無從得知。人類從凌晨打電話或傳簡訊問對方：「睡了嗎？」演變到看對方通訊軟體的大頭照與狀態，到現在，已經變成偷看對方的社群動態了。

與過去不同的是，社群出現後，就算兩人分手也可以輕鬆確認對方的生活狀態。因為不會再也見不到對方，可以說社群讓人與人的關係變得更加輕鬆。

梁在鎮　想要結束一段比任何人都更親近的戀人關係，當然相對需要時間整理自己的感情。不過從很久之前就開始準備離別的人，離別後因為已沒有留戀，所以需要的時間比較短暫；而突然被告知要離別的一方，當然就需要更多的時間。

梁在雄　從這一點看來，查看前任的社群也只是正常的離別反應之一。如果賦予這件事重大意義，就算再次交往，也許交往的當下會情深意切，但很可能不久之後就會後悔。

看分手對象的社群，這種心態可以說是一種哀悼反應。失去心愛的對象後，以健康的姿態克服這件事的方法，就是和許多人聊聊與對方的回憶。看社群與此相似，這是在透過社群整理過往一起度過的時光。

梁在鎮 社群可不可以幫助自己忘記前任，這個因人而異。如果自己有自信可以慢慢地送走對方，繼續看到自己的心意在某個瞬間麻痺了為止，也是一種幫助。

但若是看著對方過得好好的，獨自越來越在意的話，這件事就變得毫無意義了。過分在意或留戀已經過去的關係，只會使自己痛苦。對方已經在現實中好好生活，所以你也要回歸現實、努力好好生活了。只要好好思考自己是哪一種類型的人，選擇適合自己的方式就可以了。

梁在雄 社群上對方看起來好像過得很好，或許還有一些意味深遠的訊息，這是因為社群本來就是「展現自己給別人看」的地方。在那裡表現的常常不是真實的自我，**社群是一個期望獲得他人關愛與擔心的空間**。如果把這些訊息跟自己做聯想，與其說這是對方的意圖，不如說它是再度確認自己心意的機會。

確認完自己的心意後，如果意識到自己還有無法控制的留戀，那麼停止看對方的社群，試著直接聯絡對方也是一種方法。不過就像前面所說的，你很可能會後悔，如同常言道：「分手的情侶就算複合，最後還是會因為同樣的理由分手。」

不過重點在於自己還有所留戀，而且還沒能表達出這份心意，人生只有一次，做不會讓自己後悔的選擇吧！倘若對方沒有回應，就不要再讓自己的心為已經過去的愛情流淌了，這是不善待自己的行為。

分手好痛苦，難以忘懷那個爛情人

男友雖然劈腿，但是對我來說分手更痛苦，
所以儘管辛苦，我還是忍著繼續和他交往。
我不知道怎麼應付對我感到無奈的朋友們，
所以也和他們斷了聯絡。
結果男友反而因為罪惡感說要跟我分手……
我要怎麼做才能抹除這些不好的回憶，
重新回到過去？

梁在雄　自尊要在積累了各種喜歡自己的要素後，才會提升。戀人關係中，對方劈腿使自己痛苦難熬卻選擇忍耐與承受，通常是一個連自己都無法理解的決定。明知這是不可以做的選擇，但行為跟不上理智，最後導致連自己也無法喜歡自己，如此一來自尊當然也會下降。用一個詞來形容就是——**自殘**。

如前所述，無法與恣意對待自己的另一半分手，原因可能出在兒時親密關係形成的過程。父母在養育的環境下無法給予安全感，放任或虐待孩子，導致孩子只能選擇洗腦自己這也是一種愛，而不憎恨父母，因為只有這麼做，才不會否定自我的存在。

在這種狀況下長大成人，很可能就會在戀人或與他人的關係中重現相同的情況，也就是說，他們會留在身旁的不是愛自己或對自己好的人，而是恣意對待自己的人。

梁在鎮　在戀人劈腿和夫妻外遇的狀況中，雙方立場完全不同。起初外遇被發現時，當事者大部分都會道歉，但這個舉動的效果有限。單方面抱歉與埋怨的關係，短則持續一～二個月，長則三～六個月。

過了這段時期後，當事人會認為自己已經盡可能道歉，於是罪惡感消失，殊不知這段時間對另一方而言卻仍然不足。隨著時間過去，雙方立場的差異越來越大，關係也就更難維持下去了。

起初原諒對方時，內心還可能懷有對方日後會對自己更好的期待心理。由於這是自己所做的選擇，你可能會盡力去承受，但見面時，或多或少還是會用表情、口氣、手勢表現顯露，或公然指責對方。然而以對方的立場來說，他認為自己已經竭盡全力補償，接著可能就會因為疲憊而想分手——雙方的立場就這樣產生分歧。

為了維持這段關係，若你已經決定要原諒另一半外遇，從做出這個選擇的當下開始，就不可以再向對方提及或怪罪外遇的事情。如果自身的個性上無法做到如此，那麼不要維繫這段關係才是正確答案。你要根據自己的個性做出選擇。

假使你的內心飽受煎熬，卻因為分手很痛苦所以繼續維持這段關係，導致自己跟身邊所有對你無奈的朋友斷了聯絡，就必須要承認這一切都是自己的選擇，然後也要知道自己的選擇不能保障這段戀人關係能一直走下去。

關係就算不是出自於自身的意願，也可能因為對方的決定而破裂。如果對方因為罪惡感提出分手，很可能是他對於持續的道歉與埋怨感到疲憊，或是愛情已經冷卻、有其他異性出現等，因而提出的表面理由。就像你選擇要原諒對方外遇一樣，想要整理這段感情也是出自於另一半的選擇。

這時候你當然會認為「自己都原諒了他，他怎麼還能做出這種事」，而產生補償心理。

但就像你起初選擇原諒對方是為了自己一樣，你也只能尊重對方的選擇。如果他的選擇是離別，就應該要接受這份心意然後放下他，這樣自己也才能邁向下一步。

梁在雄

其實不管是遭受劈腿或外遇，對於當事者或另一方而言，都是不可寬恕的事情。原諒這個錯誤並不會讓自己成為偉大的人，反而會讓自己顯得匪夷所思。對另一方而言，搞不好也會認為這樣的伴侶令人難以理解。

只有做出正常且正確的行為，戀人、身邊的人才會喜歡自己，最終你也才能夠喜歡自己。也就是說，當對方外遇，不管出於什麼原因，選擇緊緊抓住要離開自己的另一半，肯定會使自尊下降。

做出這樣的選擇，本是為了讓這場戀愛能夠健健康康地走下去，但是我們一定要認知到這已是不正確的行為。**因為對方外遇而破裂的關係，沒有任何方法可以挽回，也無法再次回頭**。這段會喚醒背叛感的記憶，會被刻印在大腦裡，無法輕易抹滅。

你應該要好好思考，自己是不是因為難以面對分手所以無法接受離別，而不是因為對方真的很好才希望一定要挽回這段關係？

也有可能是你目前所處的環境有所不足，沒有足夠讓自己投入精力的對象；或目前正處在沒有自信的狀態；又或者不願意讓自己敞開心房建立的關係被宣告失敗，所以處在自戀性傷害之中。

要觀察自己是不是因為被遺棄的不安全感太過強烈，才無法放下對方。在這種情況下，你早已經傷痕累累，現在的感情只是一種單純的賭氣而已，就算另一半改變態度、兩人重新好好交往，其實關係也很難繼續維持。

梁在鎮

談戀愛的結果可能是繼續戀愛、結婚或分手，三種情況的其中之一。這三種情況沒有所謂的成功與失敗，不是只有走到結婚，這場戀愛才算成功。這三種結果，都只是所有戀愛最後可以自由走向的結局之一。若兩人情投意合，可以繼續戀愛或者結婚；若兩人意見不合，那就走向離別。不管哪一種結局，都不是任何人的錯，這些都只不過是戀愛的其中一個部分而已。

離別的當下與克服的過程，都是成為自我良藥的一段時間。整理好跟戀人的關係後，度過一段獨自生活的時間也很棒。去把過往花費在對方身上的時間投資在自己身上，保有充足的時間自我思考，唯有這麼做，才能在接下來，不管遇到誰，都能談成一場更健康的戀愛。

Note

國家圖書館出版品預行編目 (CIP) 資料

連我都不瞭解自己內心的時候：韓國 90 萬人的線上心理師，陪你重新理解不安、憂鬱與焦慮，找到痛點，正視內心的求救訊號 / 梁在鎮, 梁在雄著；蔡佩君譯. -- 初版. -- 新北市：方舟文化出版：遠足文化事業股份有限公司發行，2022.09

面；　公分. --（心靈方舟；42）

譯自：내 마음을 나도 모를 때 : 생각이 많은 섬세한 당신을 위한 양브로의 특급 처방

ISBN 978-626-7095-64-5（平裝）

1.CST: 心理諮商 2.CST: 心理治療 3.CST: 精神疾病

178.4　　　111011143

心靈方舟 0042

連我都不瞭解自己內心的時候

韓國 90 萬人的線上心理師，陪你重新理解不安、憂鬱與焦慮，找到痛點，正視內心的求救訊號

내 마음을 나도 모를 때

作　　者　梁在鎮양재진、梁在雄양재웅
譯　　者　蔡佩君
封面設計　吳郁婷
內文設計　薛美惠
主　　編　林雋昀
行銷主任　許文薰
總 編 輯　林淑雯

讀書共和國出版集團
社長　郭重興
發行人兼出版總監　曾大福
業務平臺總經理　李雪麗
業務平臺副總經理　李復民
實體通路協理　林詩富
網路暨海外通路協理　張鑫峰
特販通路協理　陳綺瑩
實體通路經理　陳志峰
印務部　江域平、黃禮賢、李孟儒

出版者　方舟文化／遠足文化事業股份有限公司
發行　遠足文化事業股份有限公司
231 新北市新店區民權路 108-2 號 9 樓
電話：（02）2218-1417
傳真：（02）8667-1851
劃撥帳號：19504465　戶名：遠足文化事業股份有限公司
客服專線：0800-221-029　E-MAIL：service@bookrep.com.tw
網站　www.bookrep.com.tw
印製　東豪印刷事業有限公司　電話：（02）8954-1275
法律顧問　華洋法律事務所　蘇文生律師
定價　380 元
初版一刷　2022 年 9 月

方舟文化官方網站　方舟文化讀者回函

歡迎團體訂購，另有優惠，請洽業務部（02）2218-1417#1121、#1124